風魂

パンの笛に魅せられて

岩田英憲
西村恭子

藤原書店

2018年
撮影・青野文幸

ウィーンの森の入り口に立つヨハン・シュトラウスとランナーの像。
ウィンナ・ワルツの中心になった二人の前で　1973年

ウィーンの中央墓地。多くの作曲家がここに眠っている。ベートーベンの墓の前で、橋詰君たちと　1975年

ウィーン市役所を背に。クリスマス前に出店がいっぱい並ぶ　1973年

ウィーンの森バーデン市立劇場オーケストラでの野外コンサート　1975 年ごろ

ルーマニアの公園で、民族衣装をつけて　1980 年

竹でパンの笛をつくる
1978 年ごろ

ザンフィルと
1980 年

テレビ「ルックルックこんにちは」
に出演

「新日本探訪」テーマ曲収録　1990 年

けやきコンサート　1999 年

ケヤキ再びのコンサート　2007 年　神戸新聞社提供

屋外コンサート
2013 年

大阪いずみホールのオルガンコンサート　2015 年

作曲家　丸山和範さんと
教会のコンサート

倉橋島から海に向かって　2018 年

倉橋島の夕陽　2017 年

倉橋島の朝陽　2017 年

風に運ばれる天上の調べ——『風魂』によせて

作曲家・指揮者　渡辺俊幸

著者の岩田英憲さんと初めてお会いしたのは、この書籍にも書かれている通り、一九九一年四月から二〇〇〇年の三月までＮＨＫ総合テレビで放送された「新日本探訪」という番組のためのテーマ曲の録音の時であった。私は、番組の内容から、平易ではあるがしみじみと心の奥底に語りかける旋律が相応しいと思いつつ作曲をしたが、同時にメインの楽器の選択と、それを奏でる演奏者の力量が非常に重要になってくることを強く感じていた。

曲が完成し、メインの楽器として頭に浮かんだのは、パンの笛であった。いわゆるスタジオミュージシャンの中にもこの楽器を演奏する方はいるが、皆さん失礼ながらフルートをメインとしながら片手間に演奏されるわけで、私としては、この楽器に命をかけているような演奏者が欲しかった。

それで当時、色々調べてみた結果、一人いるにはいるが広島在住だという。ということは、通常の演奏費プラス交通費がかかるわけで限られた予算の中での録音を考える時、これは正直言って痛いことであった。一瞬諦めかけたが、その方が演奏したある楽曲の録音を耳にしたとき、無理をしてでも是非この方にお願いしようと決めたのだった。その方こそが岩田さんである。

当時の私は、パンの笛の最上の演奏といえば、この書籍の中で岩田さんも尊敬するパンフルート奏者として紹介されているザンフィルによるものを思い浮かべていた。そして録音をしてみての岩田さんの演奏は、ザンフィルに勝るとも劣らない、私の期待通りのパンの笛ならではの本格的な奏法によるものであり、ザンフィルと比べてより明るく透明感あふれる清らかな音色であった。そしてそれは私が書いたテーマ曲にまさにぴったりであったのだ。この楽曲は岩田さんのパンの笛の音によって命を与えられたと言っても過言ではない。九年間続いたこの番組でオープニングとエンディング近くに必ず流れたこの楽曲は、とても評判が良かったが、岩田さんの演奏でなければこれほど視聴者の胸を打つことはなかったと思う。

岩田さんがパンの笛で奏でる音たちは、時に風に運ばれる天上の調べのようだ。いかにしてそのような聖なる美しい音を奏でる演奏家になったのか？　それについての答えを見つけるべく、このエッセイを楽しんでいただければと思う。

風魂　目次

Ⅳ 出合いの奇跡

風魂

パンの笛に魅せられて

装丁・作間順子

プロローグ　風の記憶

丸めた新聞紙が「砂漠」を転がっていく。

僕はキャッキャと笑い、追いかけ、「砂漠」の始まりにそれを戻す。丸まった紙は、また何かに押されるようにカラコロ、カラコロ、転がっていく。

まだ風を知らないころ、疲れも、飽くこともなく、砂に足を取られながら、毎日「砂漠」を駆けた。これが、僕が風を感じた最初。五歳くらいだと思う。

「砂漠」は、川が海と交わる辺りからサンドポンプが汲み上げた海砂。それでも幼い僕は、そこを「砂漠」と呼んだ。

今思えば、ウズラやヒバリがいる葦の沼地と海に挟まれ、砂が一キロほど広がっているだけの所だったが、僕には「砂漠」だった。

親の庇護のもと、何もかもが楽しくいられた時期。それは広島に原爆が落ちた一、二年後、吉見園（現広島市佐伯区五日市町）という町で暮らしていた僕の記憶。

I　ウィーンの空の下

クリスマスイヴの決心

一九七六年、この年もウィーンでクリスマスを迎えた。六年目のクリスマスだった。「ウィーンの森バーデン市立劇場オーケストラ」に在籍していた僕は、イヴにブルク劇場の俳優カウプさん宅に招かれた。

プレゼントに何を持っていったか記憶に無いが、一緒に招かれていた女優さんは、レコードとパンの笛のオモチャを持ってきていた。

大人ばかりのイヴは、歌い、飲み、食べては踊り、帰るドアの所でカウプさんが僕を引き留めた。

「岩田さんはフルート吹きだよね。もう一度入りなさい。彼女が持ってきたレコードを聞いて行きなさいよ」と。

レコードは、ルーマニアの民族楽器の一つナイ（パンの笛）を芸術性の高い音楽にまで復活させた、演奏の名手ザンフィルのものだった。

彼が奏でる民族音楽は、これまで知るどの楽器の音でもなかった。まるで違う音だった。音色が心に深く沁み通り、懐かしい郷愁に震えた。楽器の音というより、風の音だった。

カラコロ、カラコロ、風の中で遊んでいた子どものころ、耳の側で微かに囁き、鳴っていた風の音。故郷の風が蘇った。

その風は、僕の原郷にあった草原や花や小鳥や蝶、父や母や祖父母を超え、植物と風が出合い、触れて別れる時、この地球のどこででも鳴っている風の音を想像させた。聴こうとすれば聴こえてくる自然の中の、素朴で素直な、風の魂のような音だった。

何故か僕は、深い森や、スイスの広い牧草地にいざなうホルンの音に魅かれていた。フルートを吹きながら、その訳を見いだせないまま仕事にしてきた。

ずっと探し求めていた音はこの音。直観で分かった。

この夜、僕はパンの笛の演奏家になる、この笛に生涯を賭けると、決心した。

小さな町の小さなオーケストラ

一九七〇年、ウィーンに音楽留学をした。

ウィーン市立音楽院（ウィーンコンセルバトリウム。現ウィーン私立音楽芸術大学）を経て、ウィーン国立音楽大学フルート科に在籍。ウィーンに住んでいた。

バーデンという町は、ウィーン南駅から汽車で二十五キロほど走った所にある温泉の町。春と夏は、芽吹きの緑から深い緑に変わっていく季節で、秋はイチョウの葉が道路に黄金色の絨毯を敷く。冬のバーデンは銀一色に包まれる。

一八一三年から一八三四年にかけてハプスブルク家の夏の離宮が置かれていた所でもある。

訪れる旅行者や住民は、様々な温泉に入り、ウィーンの森に続く「クアパルク」（癒しの公園）で野外コンサートを楽しみ、地元産のワインを〝ホイリゲ〟（ワイン居酒屋）で

ウィーンの森バーデン市立劇場オーケストラの野外コンサート。ソロを吹いているのが僕

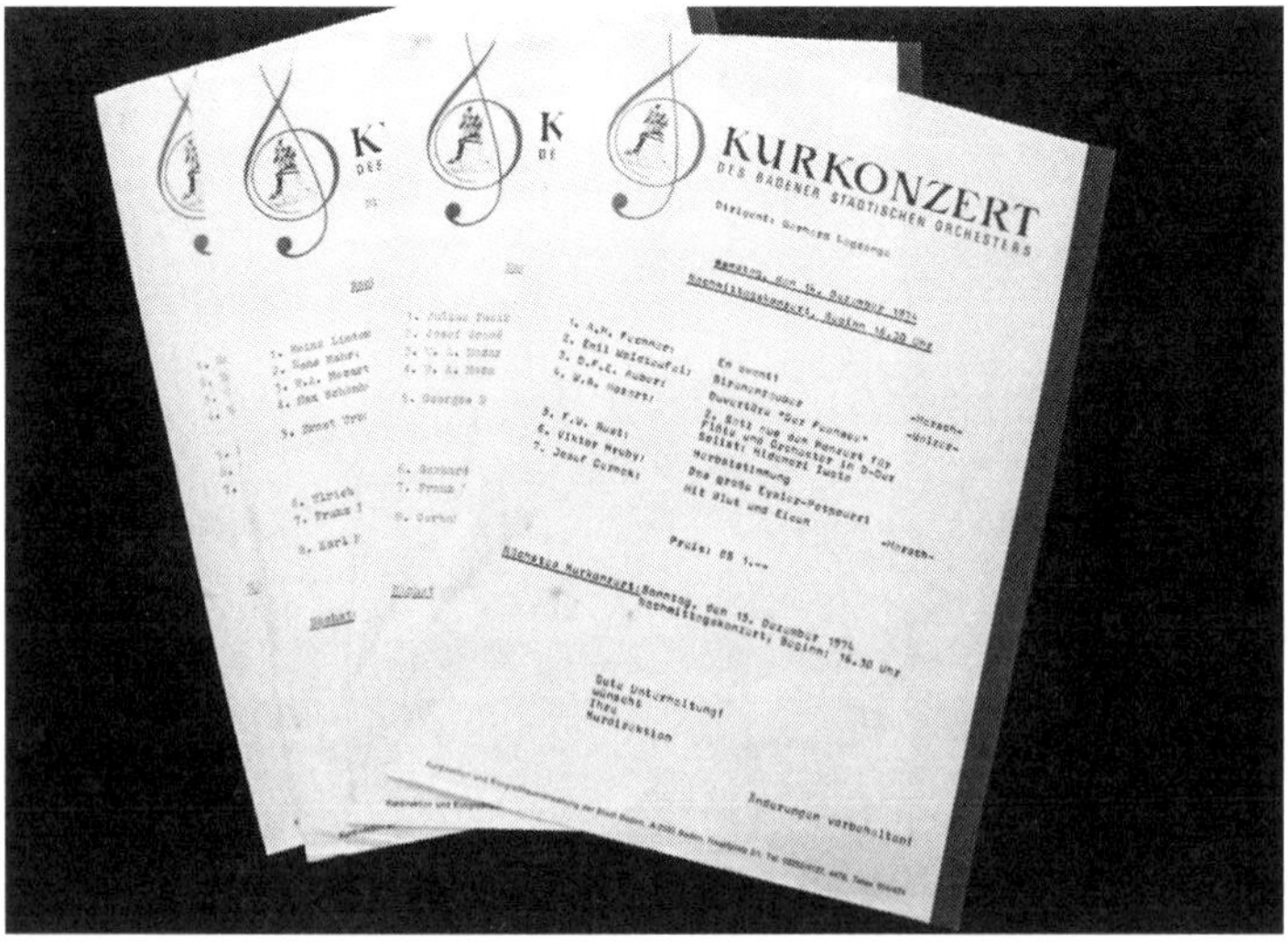

コンサートは無料だが、プログラム代が日本円で当時 14 円

飲み、心身を解放しながら、この町でくつろぐ。

幸運にも僕は、一九七一年十一月からウィーンの森バーデン市立劇場オーケストラ（クアオーケストラ・バーデン）のフルート奏者として働いていた。

仕事は二管編成の劇場オーケストラで、普段は小さいがおしゃれな野外音楽堂で演奏もした。音楽堂があるのはバーデンの町の中心「クアパルク」。緑に囲まれウィーンの森に繋がっている。

演奏は月曜日を除く毎日、土曜、日曜は昼間と夕方の二回。公園では、くつろいだ人たちがのんびり我々の演奏を聞いていて、時にはリスや小鳥たちが近くまで寄って来た。

劇場でのオペレッタ（喜歌劇）の専属オーケストラとして、舞台の前方にあるオケボックスで指揮者に合わせて演奏もする。オペレッタには沢山の出し物があり「こうもり」「微笑みの国」「メリー・ウィドウ」「サーカスの女王」「パガニーニ」など、庶民的なストーリーが多い。

夏のシーズンになる三カ月間は、屋根が開くもう一つの劇場「ソンマーアリーナ」（夏の劇場）で、主に観光客のために毎日オペレッタを上演した。

そんな日々の中、小さな町の小さなオーケストラの仲間は、国の違いに関係なく、親しい仲間として僕を受け入れてくれていた。分からないことがあると、互いに積極的に教え合ったし、練習の合間にはホイリゲでワインを飲み、夏はプールにも行った。

絵をくれたルディ（Ⅳ章「生意気ルディのくれた絵」参照）とも、このオーケストラで出会った。六年間、共に働いたこの仲間を、今も僕は誇りにしている。

クアパルクでのソロ演奏

クアパルクで演奏中、スイスでの講習を終えた国立音大の恩師、吉田雅夫先生一行が「ウィーンの森観光コース」で訪れ、偶然、演奏している僕を見つけ、思いがけない再会をした。フルートからパンの笛に移ってからも、先生は弟子の僕を励まし続けて下さった

バーデンの仲間。左がトロンボーンのフリッツ、右がトランペットのデディ、1972年8月

ウィーン交響楽団の初仕事

マーラー作曲・交響曲第五番第四楽章「アダージェット」の冒頭。指揮者ヨゼフ・クリップスの指揮棒が振り下ろされた。

一瞬の静寂の中を、ウィーン交響楽団唯一の女性ハーピストが分散和音を奏で始めた。客席の空気を優しく強く、弾けるようにソロで切り裂いていく。その音は、ドームのように広いコンツェルトハウスに吸い込まれていく。

一九七一年、尊敬するワナウゼック先生から、フルートのエキストラとして初めて仕事を貰った。

夢にまで見た巨象のようなウィーン交響楽団での初仕事は、三楽章まで終わり、フルートパートの無い楽章になった。緊張から解放された後に始まったこの第四楽章。満員の聴衆が僕の方を見ている。いや、隣の席の女性ハーピストの奏でる美しい音を見ていた。

マーラーの曲は大編成。ワナウゼック先生は第一フルート奏者として四人の中の一番左端にいた。僕もウィーン交響楽団のフルート奏者としてコンツェルトハウスの四番目の席に座る。

音楽の都ウィーンでの初仕事は、このまま時間が止まればいいと思えるほど、最高に幸せな時だった。

この日以来、僕はマーラーの交響曲第五番が大好きになった。

ウィーン　研鑽の時　1970年7月～77年3月

ウィーン交響楽団の仕事を紹介してくれたワナウゼック先生

ウィーン国立音楽大学でウィーンフィル首席フルート奏者ハンス・レズニチェック先生のもとでレッスンに励んだ（1976年頃）

バーデン市立劇場の正面で。この街には、夏だけ屋根の開く「ソンマーアリーナ」（夏の劇場）がもう一つある

公園の中にあるヨハン・シュトラウスとヨーゼフ・ランナーの像の前で

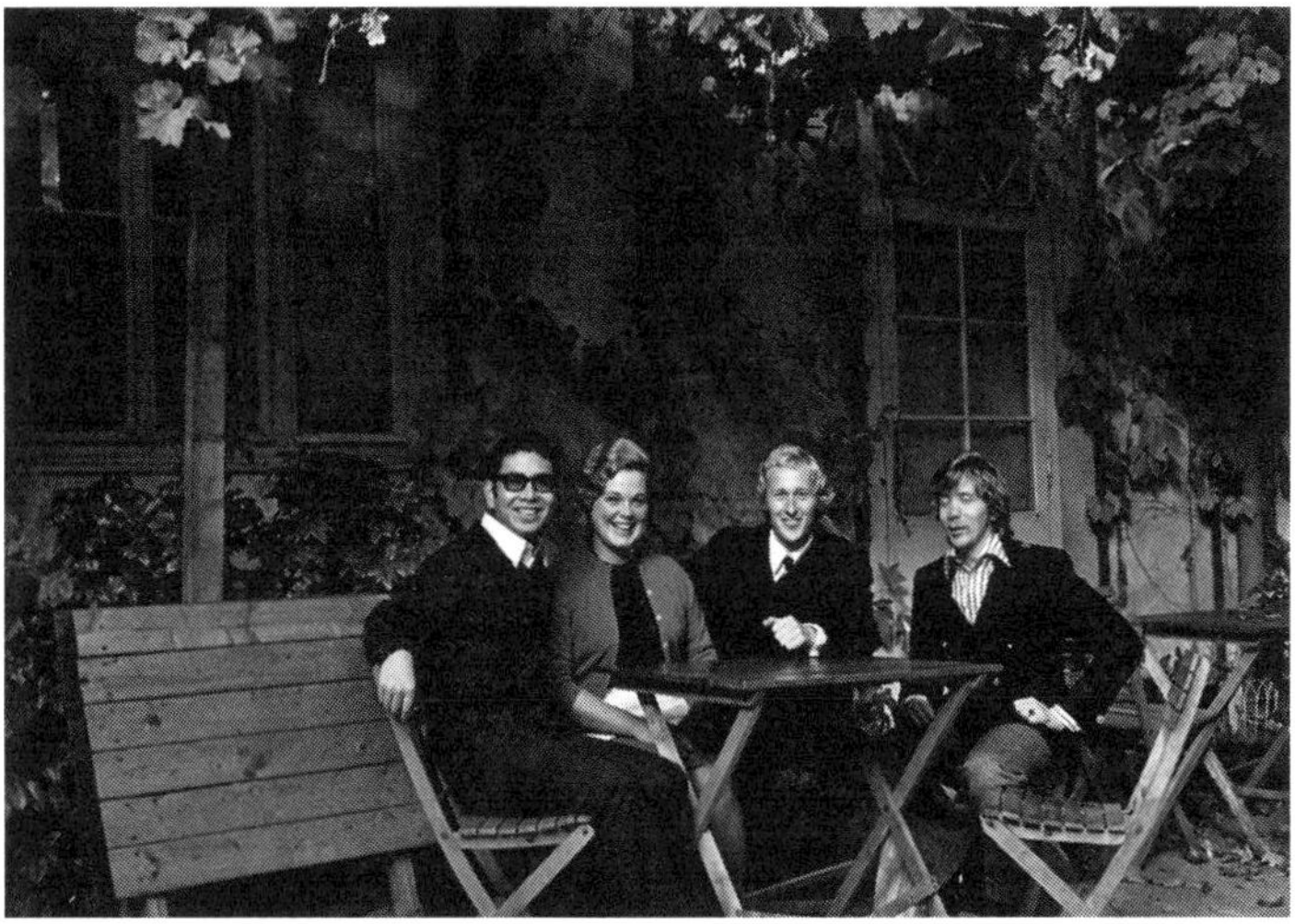

オーケストラの仲間と仕事の合間に、近くのホイリゲによく行った。ブドウの木の下で、その年地元で取れた白ワインを一緒に飲み、楽しい時を過ごした

黒澤明をウィーンで観る

ウィーンで、黒澤明監督作品が一週間上映されたことがある。

僕が観たのは、一九四七年に作られた「素晴らしき日曜日」という作品。敗戦直後の東京を舞台に、貧しい恋人同士を描いた映画は平凡なストーリーに思われた。


未熟な若者の夢はなかなか巧く運ばない。

雨が降りしきる中、二人は日比谷公会堂に「未完成交響曲」を聴きに行くが、安いチケットはダフ屋に買い占められ手に入らなかった。

二人は、無人の日比谷野外音楽堂まで歩いて来る。雨は止んでいた。

舞台に上がった彼が、オーケストラの指揮者を真似てタクトを振ってみるが、風は唸るばかり。落胆する彼に「聴こえるはずよ」と、彼女は舞台に駆け上がり、映画を見ているこちら側を観客に見立て「励ましてやって下さい。皆さん、貧しい若者に拍手を送ってやって下さい」と、呼びかけた。すると、風が優しく枯葉を動かし始めた。チューニングの音が聞こえ、オーケストラが入場するかのように枯葉が整然と動いていく。再び彼が指揮を始めると、枯葉はタクトに合わせステージで舞い始める。

誰もいない舞台で、ヴァイオリンが鳴る方に枯葉が動き、チェロの鳴る方に枯葉が走る。やがて、日比谷公会堂で若者二人が聴くことの出来なかったシューベルト作曲「未完成交響曲」が、彼の指揮に応えるように画面から溢れ出た。

この映画の中で僕が見入ったのは、タクトに応えて風が枯葉を運んでくるシーン。ヴァイオリンやチェロのメロディーに合わせ、枯葉が奏でるように踊るシーン。女性の拍手に彼が応え、風が枯葉にいのちを吹き込んでいくところ。

その画面に僕は引き込まれ、魅せられていた。

シューベルトの生誕地ウィーンの、市立音楽院の学生だった僕は、この時まだ、パンの笛に出合っていない。

ベートーベンが好き!

ベートーベンはウィーンの森を歩くのが好きだったという。森の中は、鳥のさえずり、風の音の世界。オーケストラの仕事の合間に、僕もこの森をよく歩いた。

彼に魅かれた理由の一つが、後になって分かる。ウィーンの森はパンの笛の世界そのもの。しかし、このころの僕はまだフルートを吹いていた。

ウィーンの森に建つベートーベンの石像は、強くて激しい人を想像させるが、僕が思うベートーベンは心の優しい人。生きる過程で自分の弱さを沢山経験した人ではないかと感じる。

彼がヴァイオリンのために書いた曲「ロマンス」は、どこまでも優しく寄り添うメロディーを醸しているし、交響曲第六番「田園」の中の小鳥の鳴き声を聴いていると、ベートーベンが無邪気に小鳥たちと遊んでいる情景が浮かんでくる。

ベートーベンの小径

ウィーンの森にあるベートーベン像にふれて（1980 年 8 月）

耳がだんだん聴こえにくくなったころのベートーベンは、後に遺書を書いたと伝わる自分の家の近所にあるハイリゲンシュタットの公園を散歩し、午後三時前には、いつも決まったベンチに座っていたという。そこからは、深い森に囲まれた建物のてっぺんにある時計台が見えていた。

そのベンチで彼は、時計台から聞こえてくる三時を打つ鐘の音を〝目〟で聴いたのではないか、自分の中にある音を目と全身で確かめていたのではないかと思う。

また、ベートーベンは深夜から朝方まで、度々森を夢遊病者のように歩いていたという。

ふらふら歩いている浮浪者を職務質問した警察官が、ベートーベンだと知って驚いたという話もある。彼の恋は、生涯一度も実らなかったらしい。

ベートーベンが書いた「交響曲第九番」は、まるで神が人に語りかけてくるような優しさに満ちている。

彼に深い悩みがあったかどうかは分からないが、弱さを持った人間を優しくいたわる、そんな曲をベートーベンは、自分自身のために書いていたのかもしれない。

ベートーベンハウスの十字架

ウィーンの森やバーデンの街を散歩するのが、僕は好きだった。

その日は、たまたま小さな二階建ての「ベートーベンハウス」と呼ばれる家に立ち寄った。

ベートーベンは一八二一年から一八二三年まで、夏の季節をこの建物の二階に滞在。ウィーンの森を散策する中でインスピレーションを得て「交響曲第九番」を、この家で作曲したといわれているが、僕がいた当時は市民に開放されギャラリーになっていた。

この日は、ある画家の〝木〟ばかり並んだ絵が展示してあった。

拒絶するような固い木の扉の絵、強風に向かって、踏ん張って立っている三本の木、枝を広げ楽しそうに踊っている木、静かに横たわる木の十字架など。

そこに居た画家に「何故、貴方は木ばかり描いているのですか」と、僕は尋ねてみた。

バーデンのベートーベン・ハウスの前で

すると彼は、こう言った。

「自分は、生まれながらに目が見えなかったが、いつものように祈っていると、突然目の前が明るくなり、見えるようになった。その時初めて目に飛び込んできたのが、木の十字架だった」と。

画家にとって、木は彼の目が見えるようになって最初に目にした尊いもの。絵にすることで木が秘める何かを語らせようとしていたのかもしれない。

後年、僕もパンの笛に必然のように出合った。パンの笛は植物を並べた楽器。息を吹き込み、言葉を持たないものの声を音楽にしている。

もし、僕の心の中にもキャンバスがあるとしたら、パンの笛が語る言葉は、どんな風に描かれているだろうと考える。

少女は素直な表現者

早朝のウィーン市街、マリアヒルファー通りの石畳を歩いていると、向こうから五歳くらいの少女がやってきて、急に立ち止まった。

道端に飾りつけられた丸い花壇を両手で抱くようにして、

「シェーン！（きれい）、シェーン」

と、花に話しかけ始めた。

あっけに取られたが、少女の行動に、何かを感じて、僕は足を止めた。

彼女は自分だけの世界に入っている。何度も花壇の周りを回り、両手で花を大事そうに撫で始めた。

早朝の通りに人通りはなく、動いているのは少女だけ。

時が止まったような静かなシーン。愛らしく、ストレートなその行動に見入った。

その時、こんな想いが胸の奥に湧いた。

「表現者は内気ではダメなんだ、思い切って『きれいだ』と言える勇気、何度も抱きしめるこの行動がいる」

フルートを学び、オーケストラで働く僕の仕事は表現することなのにと。

フルートをパンの笛に持ち替えた今でも、早朝のウィーンのあの光景、少女の素直な感性と表現を思い出す。

少女にも及ばなかった小心者だった「あの頃」の僕のことも。

II

パンの笛の果てない旅

初めての笛を潰す

六年目のクリスマスが終わった翌日、ウィーンの街に出た。イヴの夜、カウプさんの家で聴いたザンフィルの音色が耳から離れず、パンの笛を手に入れたかった。吹きたくて、街の楽器屋さんを訪ねて歩いた。しかし、パンの笛を置く店はなかなか見つからない。やっと高名な楽器店ドブリンガー社の地下倉庫から出してもらい、笛を買うことが出来た。僕はフルート奏者、手に入ればすぐにでも吹けると思っていた。

しかし、手にしたパンの笛の音階はメチャメチャだったし、並んだ管のピッチをどう決めればいいかさえ分からなかった。

まずは音階が取れるように空間を調整しようと考えた。調律は管に長短をつけるしかない、削るしかないと思った。

吹いては削った。削ってまた吹いた。やがて、管は削り過ぎ、音が取れなくなった。ウィーンの街を探して歩き、吹きたくてやっと手に入れた最初の笛を、僕は潰《つぶ》した。

パンの笛のピッチは、蜜蠟を出し入れし、その容積で決めると、帰国後、東京藝大の民族音楽学者、小泉文夫先生から教わった。

そのことが分かっただけでも、最高にうれしかった。

パンの笛と僕は、ここから果てのない旅をすることになる。

オコルソさんの笛と、再会と

一九七七年四月、僕は「ウィーンの森バーデン市立劇場オーケストラ」の仕事を辞め、七年間住んだウィーンから帰国することを決めた。

その直前の三月、数年前に注文していたフルートの名器ヨハネス・ハンミッヒが出来上がったと連絡が入り、ドイツに取りに出掛けた。

帰路、アンドレ・ジョネ先生のレッスンを受けにチューリッヒに立ち寄った後、この町にある「フーク」という楽器店に向かった。

電車を降りると、道は雪が解け始め、凍っていた木々から滴る水が朝日に煌《きら》めいて美しかった。

「フーク」で買ったパンの笛は、オコルソさんという人が作った笛だった。帰国後、僕は国立《くにたち》音大の後輩だった留学生、橋詰昌廣君にこのオコルソさんの笛を二十本ほど日本に送ってもらった。

橋詰君は後にチューリッヒ室内合奏団でフルート奏者として活躍した優秀な人。勉学のためにその町に居たのに、僕は彼の時間を取り、多くの手間と面倒を掛けた。今は感謝しかない。

帰国する時の僕は、ドブリンガー社で買った最初の笛を潰し、フークで買ったオコルソさんのパンの笛一本しか持たず、心細かったのかもしれない。ただ、パンの笛を吹きたい一心だった。


二〇〇八年、スイスの南、イタリア語圏の町ベリンツォーナという町に住むオコルソさんを訪ねたことがある。「日本で初めて演奏したパンの笛は、オコルソさん、あなたの楽器です」と、写真を見せて喜ばれた。

オコルソさんは、シチリア島の葦を麻紐で縛ったパンの笛も作っていた。貰ったその葦笛は、今も手元に数本あり、柔らかい音を出す。

二〇一一年、スイス・アローザで開かれた「第二十回パンフルート・フェスティバル」を終えた後、引っ越しをしたという彼の家に、バスを乗り継ぎ三時間ほどかけて向かっ

オコルソさんが作る僕専用のパンの笛。「ヒデのために」と書かれている

オコルソさん一家と

た。

ルーマニアに留学して以降、彼には音域を左右逆にしたパンの笛を作ってもらってい る。だからか、送られてくる彼の笛には、レフト（L）、ライト（R）の印が入っていた。

今度の彼の家は崖の中腹をくり抜いた石の家で、二〇〇〇年に指定された世界遺産「べリンツォーナ旧市街の三つの城、要塞及び城壁」と繋がっているような構えに見えた。

水の湧き出るような山の急斜面には、ブドウ畑もあった。

彼を初めて訪ねた日から三十年ほどが経つ。彼も奥さんも歳を取り、子供たちは大きくなっていたが、この時も歓待を受け、石の家に泊めてもらった。

オコルソさんの左右反対の笛から僕のパンの笛の旅は始まった。今も変わらず素朴に暮らすオコルソさんは、いつからか僕の大切な人になっている。

竹博士

パンの笛は竹で出来ている。帰国するとすぐ僕は竹を探し始めた。日本の竹でパンの笛を作りたい、そう思った。

そんな時、ふと入った書店でＮＨＫ発行『趣味の園芸　タケ・ササ』に掲載されていた竹博士、室井綽《ひろし》さん（一九一四〜二〇一二）を見つけた。植物学者で、日本で唯一だという竹の植物園「富士竹類植物園」（静岡県駿東郡長泉町）の初代園長だった。すぐ連絡を取り、兵庫県のご自宅を訪ねた。

室井さんは素朴な人柄の方で、パンの笛に合う竹を考え繋がりを広げて下さった。弟子だという当時の園長からは竹を一束貰い、姫路市沖の家島群島にある〝矢竹〟も紹介してもらった。大分県別府市にも出掛けたし、京都の山崎では〝竹の刺身〟も食べた。

新潟県の佐渡島は、船とバスを乗り継ぎ小木という町に着いた。その地の竹工房で見つけたのは、穴が二つだけ空いた笛。工房の子供に貰った笛だが、タララ、タララと、いくらでも吹き続けられる不思議な笛だった。そこでも抱えきれないほどの竹を貰った。当時の僕は、広島と大阪の大学に勤めており、学校の休暇を利用して竹探しを続けることが出来た。

暗中模索の中、室井さんから奈良の「正倉院」に「排簫《はいしょう》」という笛があると伝えられた。民族音楽学者、小泉文夫先生からは「壊れていて、吹かれたことが無い」と、聞いていた。その排簫を研究している大阪の女性にも会いに出掛けた。

二〇一一年、スイス・アローザで開かれた「第二十回パンフルート・フェスティバル」に、広島大学の中村純先生はその復元品を持参し、日本のパンの笛として披露していた。

竹を探し、竹を持ち帰った僕の部屋には、今も天井裏に竹がいっぱいある。

パンの笛を日本の竹で作りたい、その想いだけで楽器を作り始めたが、なかなかいい具合には出来なかった。僕は、楽器を作るには向いていない、そう思い始めたころ、「パンの笛を作りたい」と、一人の男性が現れた（Ⅳ章「被爆樹木の笛を」参照）。

恩人

ウィーンから帰国した翌月から、僕は大学に勤め始めた。暮らすための仕事だった。翌年には広島で帰国記念のフルートリサイタルも開いたが、パンの笛への想いは強く、行ったことのないルーマニアという国で、パンの笛がどんな風に吹かれているのか、その姿を実際に見てみたい、そんな思いにかられていた。

ビデオもパソコンも無い時代だった。パンの笛の映像や情報は無いに等しく、レコードを聴いて、吹く姿を想像するしかなかった。

独学には限界がある、何としてもルーマニアに行かなければ。僕は心を決めた。

週の半分、大阪で仕事をしていた僕は、大阪にルーマニア友好協会があることを知った。一九七九年、まずそこに入会し、協会の方々の尽力で「ルーマニアの夕べ～パンの笛（ＮＡＩ）の演奏会」を〝大阪倶楽部〟で開催させてもらった。日本で初めてのパン

ルーマニアの夕べ
パンの笛(NAI)の演奏会
1979年8月25日［土］PM5：00
大阪倶楽部(クラブ)
4Fホール
岩田英憲〔パンの笛〕
国立音楽大学卒
オーストリアのウィーンにてフルートを
学ぶ
現在　帝塚山短大講師・フルート奏者
久保田清二〔オルガン〕
東京芸大卒
西ドイツのウェストファーレンにて教
会音楽を学ぶ
西ドイツ音楽家資格A(オルガン)取得
現在　相愛女子大学音楽学部助教授
日本ではじめて
■パンの笛について
この楽器はむかしギリシャに起こり、もっとも原始的な楽器で早くからすたれ、現在はルーマニアでNA I と呼ばれ民族楽器として残っているにすぎません。

パン(pan)は森・原野・牧羊などの神で頭に角があり、足は山羊に似た牧神。Arcadiaの川の精、ニンフ(nymph)に恋したパンは、彼女をとらえようとしたが、ニンフはその時、葦(あし)に変身してしまった。パンは彼女のことが忘れられず彼はその葦で笛を作り、吹きかなで彼女を偲んだ。—というギリシャ神話があります。この葦を束ねて作られた笛をパンの笛といいます。

尚、パンの笛による演奏は日本で初めてのことです。——
■プログラム
愛の歌
友を偲ぶ哀歌
ユーモレスク
高き樅の木生うる峯
我が胸切に求む
オルト河哀歌
リステァヴァのリステム遊び
祝婚歌
長い間
月明かりのヴィトライユ
マドリードに死す
大阪倶楽部
06(231)8361
演奏会終了後、立食パーティ(自由参加)もあります。尚、御入場に関してのくわしいことは、下記日本ルーマニア友好協会まで御連絡下さい。
●主催　日本ルーマニア友好協会大阪支部　06(678)5562　0727(29)6860

日本で初めてのパンの笛(ナイ)の演奏会

の笛のコンサートだった。そこから日本ルーマニア友好協会会長の鈴木四郎さんに繋がっていった。

一九八〇年五月、ルーマニア大使館主催「第一回パンの笛コンサート」が東京の〝石橋メモリアルホール〟で開催された。

そして、二か月後の七月、ルーマニア政府の招きで僕はブカレスト大学に居た。語学研修する日本人二人に選ばれてやって来た。

この道を開いて下さった恩人がいる。

僕が勤める広島文化短期大学の学科長であり、日本の作曲界の巨匠、安部幸明先生（京都市立芸大名誉教授）。先生は僕のために曲を二曲も作って下さった。もう一人、いつもパンの笛と僕を表に出そうと仕向けて下さった民族音楽学者で東京藝大の小泉文夫先生。先生は安部先生を尊敬されていたように思う。そして、新聞記者であり、日本ルーマニア友好協会会長の鈴木四郎さん。

この三人の深い関係と尽力が無ければ、僕はルーマニアに留学することも、パンの笛を吹き続けることも出来なかったと思っている。

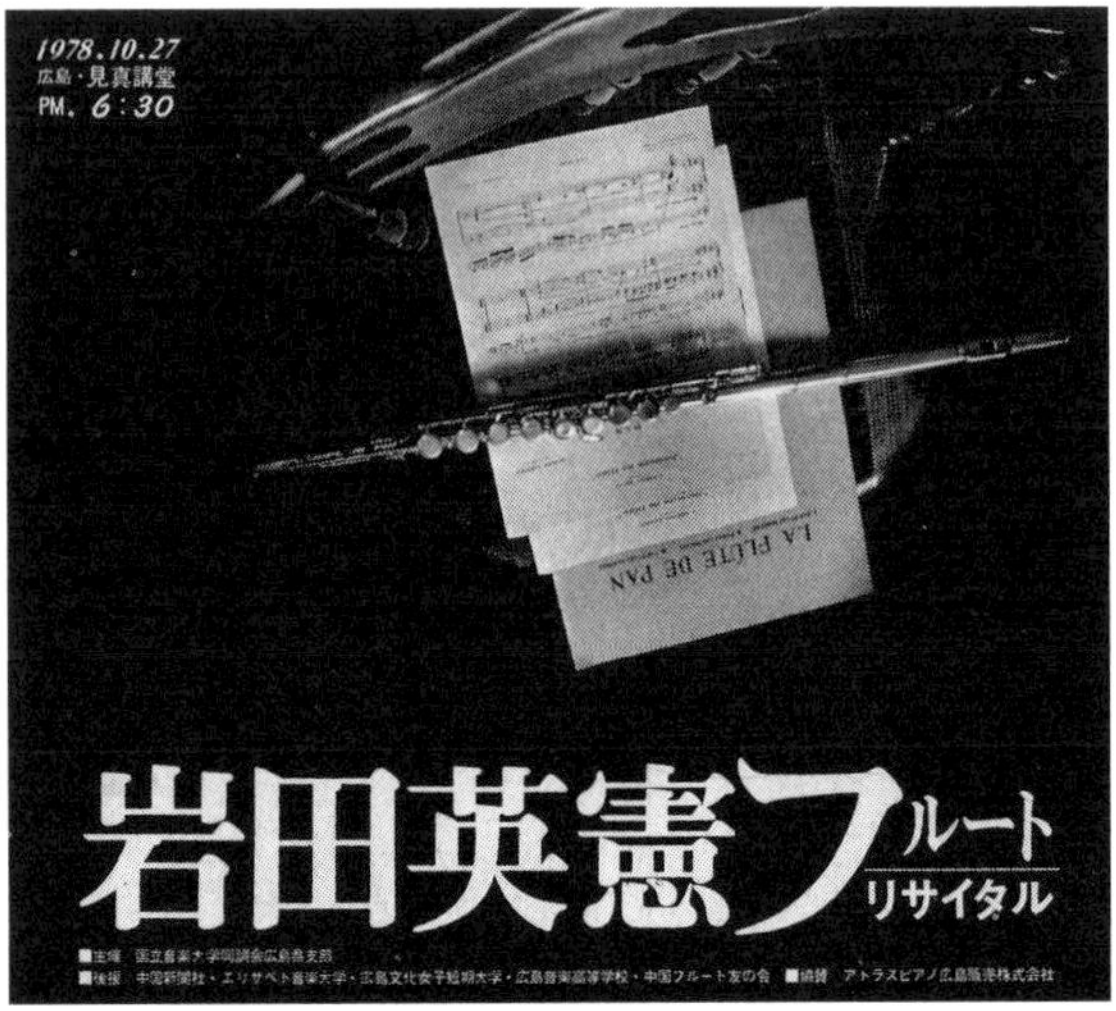

帰国記念に開いた「岩田英憲フルートリサイタル」プログラム、1978 年。逆さの楽譜の後ろに、フルートの曲「パン・パンの笛」を隠すように載せた。パンの笛が吹けるようになる決心を込めた

ルーマニア大使館主催、東京で開いた初めての「パンの笛リサイタル」のパンフレット（1980 年）

撮影・藤本自生

未だ見ぬ国、ルーマニアへ

ブカレスト大学の寮には世界各国から大勢の留学生が来ていたが、日本人は日本ルーマニア友好協会の関係でやって来た僕たち二人だけだった。

語学研修を名目に留学してきたが、僕は、対外文化協会からパンの笛の若き演奏家ファネルを紹介してもらっていた。

念願だったルーマニアの、幼稚園のような小さな部屋で、ファネルのレッスンを受けた。

実際にパンの笛を吹く姿を初めて目にすることが出来た。

この国ではパンの笛は「ナイ」と呼ばれていた。ファネルが「ナイ」を吹く。夢にまで見たその姿は何とも神秘的で美しかった。

「ああ、こんな風にパンの笛は持つんだ」

「こんな風に吹くのか」

何もかもが新鮮で驚きだったが、ルーマニアに来た目的はこれで果たせたとも思っていた。

そのファネルが、「それ違うよ」と、僕の持つオコルソさんの笛を日本式で、高音と

ファネルとともに、パンの笛を持って

低音の並び方が逆だと言った。もちろん日本式ではないが、ルーマニアのナイはピアノやマリンバと音階の並びが逆なのだという。僕はファネルから大小二本、ルーマニア式の楽器を買い練習を続けた。

ファネルは若い先生だったが、何もかもが初めての僕には「ああ、そうか、そうなのか」と、感嘆と確認の日々だった。

ブカレストでは、彼以上の演奏家には出会わなかったから、昼間はレッスン、夜はルーマニア民族音楽団が公演をやっている小さな劇場に通い続けた。舞台では美しい民族衣装を纏《まと》った踊り手が力強く、楽しそうに踊る。最後は、いつもパンの笛を中心に「雲雀」という曲を演奏していた。僕は今、コンサートでその「雲雀」をよく吹いている。

ブカレストにやって来ても、独学は続いた。

テロリストに間違われる

僕のパンの笛の先生ファネルは、ルーマニアに三台しかないという真っ赤なオートバイを自慢にしていた。レッスンの後、二人乗りで市内をよく走り廻った。年下の先生だったが、意外に面白い奴だなと思った。

そのファネルが僕の持つラジカセに興味を示したのは、物が少ない共産圏だったからかもしれない。彼があまりに欲しがるので、ラジカセにお金を少し足してパンの笛二本を買い、交換した。初めて手にしたルーマニアの二本の笛は、こんな形で僕の笛になった。

ある日、レッスンの帰り道、大学近くの地下鉄で、地下二階の暗いトイレに入った。出ようとしたら、知らない男に激しい剣幕で制止された。周りには誰もいない。言葉が危《あや》うい僕は、どうもテロリストの疑いをかけられているらしい。逃げられない状態が続

ルーマニア・ブカレストの公園で民族衣装を着て

き、地下道に激しい言葉が反響したからか、人が集まり始めた。偶然そこに大学の仲間が降りて来て、僕の証明がついいた。助けられた。

八月の終わり、ルーマニア独立記念日の白黒テレビは、「チャウシェスク、チャウシェスク」の声や、民族衣装を着けた大人や子供たちが踊っている映像がずっと流れていた。

出雲の地に吹く虎落笛《もがりぶえ》

出西窯《しゅっさいがま》*は、島根県出雲市斐川町出西にある。ここは、僕とパンの笛の出発点。演奏会に招かれたのは四十年以上も前になる。

全てをウィーンに置き、帰ってきた僕を心配したのか、友人が紹介してくれた。永六輔さんもよく行く所だと聞いた。

今、思えば左右反対だったオコルソさんのパンの笛と、奏法もまだ十分でなく、不安ばかりだったが、それでも、上手く吹こうとは思っていなかった。

何より僕は、ひなびた田舎の景色が好きだったし、出迎えてくれた窯主の一人、多々納弘光さんが話す出雲弁のゆっくり間のある声が、しみじみと響いた。ここに来て良かった、そう思えた。

夕方から、登り窯と後ろの山を背にパンの笛を吹いた。ゴザに座る人たちの前で、伴奏もマイクも無いコンサートをやった。

夜、お酒と大根の煮た物を置いた長机の前で、樋野達夫さんと出会う。農業の傍ら横笛を創っているという彼の笛は、桜の皮を巻いた立派なものだった。即興で樋野さんがその笛を吹いてくれた。楽譜も何も無い、その場に立って吹く音に、僕は心が揺さぶられ、自然に涙が流れた。

（精一杯吹くだけではダメなんだ。人の心に届くものでなければ）

この土地に、僕を寄せた友を想った。

出雲平野は、秋が終わると強い風が吹き抜ける。家を風から守る築地松や、採り入れを終えた後の稲架（はで＝稲木）をボー、ボーと鳴らして吹く風は、虎落笛《もがりぶえ》と呼ばれ、この地の冬の調べだという。

そんな風の音を知る人の前で吹いた僕の拙《つたな》い笛は、虎落笛と同じ自然の出す風の音だと、この土地の人たちは知っていた。

パンの笛は、この出雲の人たちにすでに受け入れられていた。

僕の演奏するパンの笛は、この地から火がつき、出雲の風に乗って広がっていくことになった。

今は多々納さんの息子さんの代になったが、時折この地に還りたいと、僕は思う。

＊出西窯

昭和二十二年、戦後の貧しい暮らしの中、「何も無い中から自分達で何かを」と、多々納弘光ら二十歳前の農家の次男、三男たち、幼な馴染み五人が志を持ち模索。河井寛次郎に指導を懇請。浜田庄司、バーナード・リーチらと交流。哲学者山本空外師の言葉「無自性＝自分は無く、すべては縁のおかげ」を窯の精神とし、台所の道具、日常の暮らしの器を作る窯を創設。

〝出西ブルー〟と呼ばれる器の原料となる粘土、釉薬、薪等は全て島根県産。窯主を持たない共同作業窯。

毎年十一月二十三日、勤労感謝の日辺りに開催される「炎のまつり」は、窯の神に感謝し、地域の人に恩返しの意味を持ち、当日は、おにぎりや豚汁などがふるまわれる。

左手は心、右手は論理

まだウィーンでフルートを吹いていたころ、トーンキュンストラー管弦楽団*の団員だった日本人ヴァイオリニストに言われたことがある。

「左手の薬指で心臓に向かって三角形を作る。心臓は左にある。だから、その薬指でビブラートをつけるんだよ」と。

当時は禅門答のようで、解けない言葉だったが、心臓と繋がる薬指に結婚指輪をつけるのは良く知られている。オーケストラの指揮者の多くは右手で指揮棒を振り、左手で曲の表情をつけていると思う。

パンの笛の高音域を心臓に向けるように左手で持ってみると、薬指が表現するビブラート、曲の表情は左手を通して心に響くような、より深い表現になると感じたし、低音域を持つ右手は、パンの笛の重さ、物質を支えながら論理的、理性的な表現になっていくと考えられた。

左手は心に、右手は論理に向かう、そう考えついた時、僕は仏教の有り方を具現化した仏像、三尊像の話を思い出した。

中心に仏《ほとけ》が立ち、その両脇に立つ脇侍《わきじ》と呼ばれる仏を補佐する像は、左側が心に繋がる感性、右側は論理を説く理性を司ると聞く。その両方が並び揃う時、仏の世界、宇宙の仕組みは成り立つのだとか。

ドブリンガー社で買った僕の最初のパンの笛がどう並んでいたかは記憶にない。次にフークで買ったオコルソさんの笛はピアノやマリンバと同じ音列で並んでいたが、今、演奏者の要望によって両方の形で作るようになっている。

ギリシャ神話に出てくる牧神パンはどんな笛を持っていたのか、資料を探した。見つけた絵の中のパンが持っていた笛は、六千年前から左手が心に、右手は論理に繋がっていた。

パンの笛は、遥かな時を知る楽器。遠い約束のままの姿で遺《のこ》ってきた楽器。

この笛が永い間持ってきた仕掛けに気づいて以来、自然のまま、このまま吹けばいい、僕は、そう思えるようになった。

*ウィーン・トーンキュンストラー管弦楽団
ウィーン及びサンクトペルテンを活動拠点とするオーケストラ。二〇一五年以来、佐渡裕が首席指揮者を務めている。

「牧神パン」が抱く笛

「パンの笛」の起源は六千年余りを遡《さかのぼ》る。ギリシャ神話は、こう伝えている。

「牧神パン」はギリシャのアルカディアに生まれ、頭に二本の角があり、上半身は髭《ひげ》を蓄えた人間。下半身はヤギの姿をした神。

その牧神パンが水の妖精、シュリンクスに恋をして追いかけるが、シュリンクスは、パンを拒み、水辺に身を投げて葦に変身してしまう。その時、岸辺に吹いた風が、シュリンクスの変身した葦の切り口に当たり、物悲しい音をたてた。

パンは悲しみ、その葦を束ねると笛にして吹いたという。

牧神パンが抱くように持つその笛は、それから「パンの笛」、あるいは、変身した妖精シュリンクスの名前で呼ばれるようになった。

現在、ルーマニアでは「ナイ」と呼ばれる。

フランスの作曲家クロード・ドビュッシーは、一八九四年「牧神の午後への前奏曲」としてこの物語を作曲。フルート独奏曲「シュリンクス（パンの笛）」という曲も作っている。

ニコラ・プッサン「パーンとシュリンクス」1637 年

正倉院の「御物」になった簫＝パンの笛

パンの笛は、最も原始的な世界最古の管楽器。

七世紀後半、この笛が「唐楽」として日本にも伝わっている。日本の呼び名は簫《しょう》。正倉院に「御物《ぎょぶつ》」として残る楽器の復元品は、写真で見ることが出来る。

ユーラシアを通り、終着地奈良に伝わったその笛の形は、真っ直ぐな竹の管を、長さの順に十六本並べ、前後を帯状の板で挟み、両脇を木枠で固定してある。

中国の文献によれば、この姿は鳳凰が羽根を広げた姿をイメージして作られたという。一方、現在も雅楽で使われている「笙」は、鳳凰が羽根をたたみ、木に止まっている状態を表現しているという。本来「簫」と「笙」は一対の笛だったと思われるが、その片方の「簫」、日本製のパンの笛が廃れたのは、無駄が多く、歌口だけの奏法に多大な労力を要したことに加え、竹の素材が荒く、吹き口で奏者がケガをすることが多発したた

復元された正倉院御物の甘竹簫

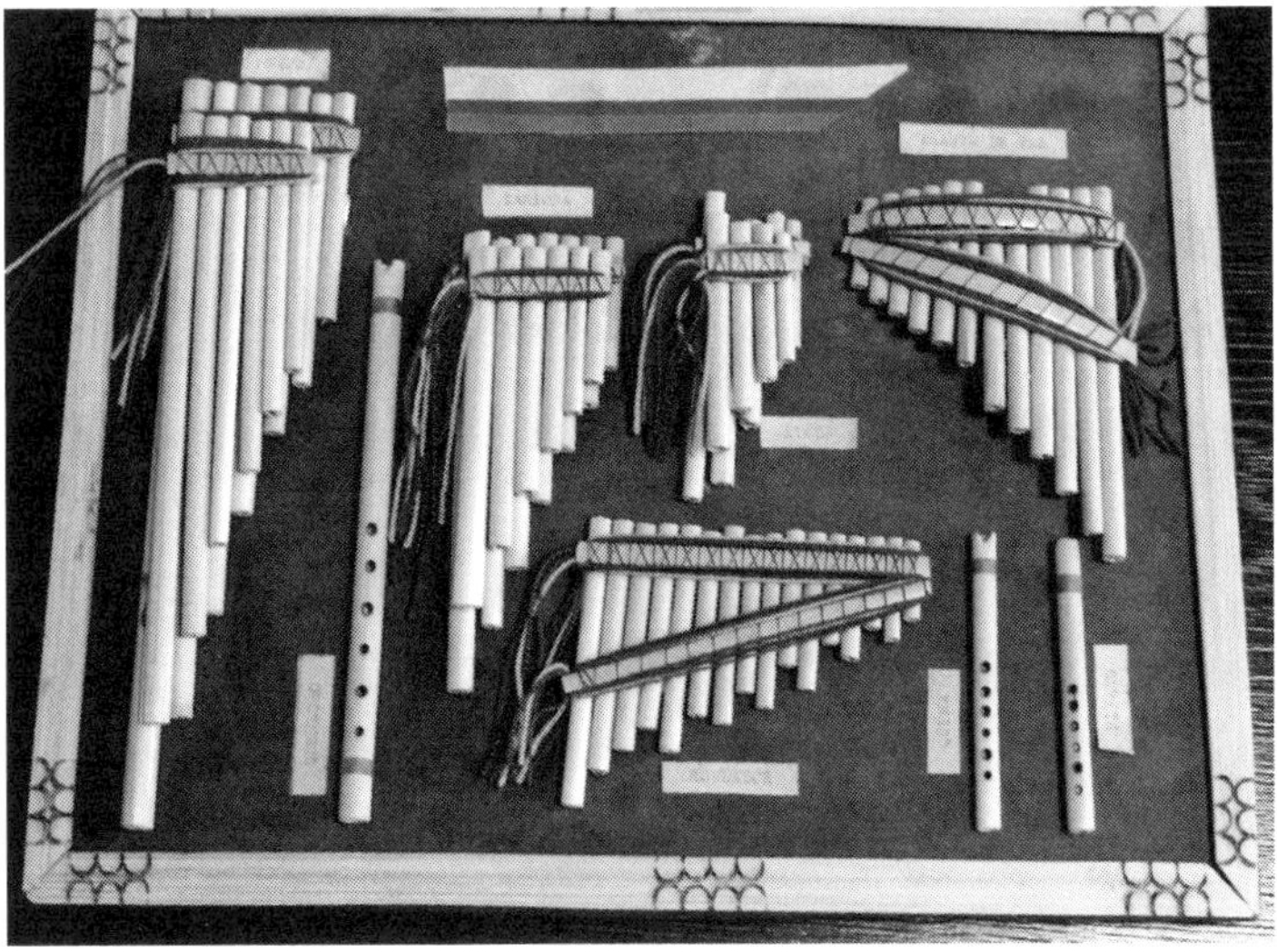

世界各国に残る、パンの笛の兄弟楽器

めと推測されている。

パンの笛の類型は、南米や南太平洋など幾つかの国に現在も民族楽器として残る。中でも、ルーマニアの「ナイ＝パンの笛」は、芸術的に演奏される楽器になった。西洋音楽の楽器フルートもパンの笛が原型。長い年月、人々が改良し、キーをつけ、洗練した音色を出すようになった。

ヨゼフ・マーネス「叙情詩」
1860年、プラハ国立美術館

教会などで演奏されるパイプオルガンもパンの笛の流れにある。同じく風を音にする楽器だが、大きく違うのは、スライダーと呼ばれる穴の空いた板や、風箱に切り込まれた風路に風を通すため、大掛かりな構造を必要とすること。しかし、パンの笛は人間の息を風にして音にする。この奏法の違いからか、パンの笛は「魂で吹く笛」ともいわれる。

天上のオーケストラの中に

無駄が多く調律に手間を要するパンの笛、この原始的な笛に生涯をかけると決めてから「パンの笛を見つけた」と方々から声が届く。

その一つは、京都府宇治市にある世界遺産「平等院」鳳凰堂に座る阿弥陀如来像の背後、小壁に懸かる五十二軀の〝雲中供養菩薩像《うんちゅうくようぼさつぞう》〟。その中にパンの笛を持つ楽人がいるという。届いた写真や本に映るその一体は、伏し目がちに笛を吹いていた。

天上のオーケストラが、魂を浄土に迎える音楽を奏でながら降りてくる。その中にいるパンの笛の楽人は、どんな音を出しているだろうと思っていた。

数年前、大阪市平野区にある大念佛寺に招かれた。

コンサートを終え「万部おねり」と呼ばれる練り供養「阿弥陀経万部会《あみだきょうまんぶえ》二十五菩薩《ぼさつ》

聖聚来迎会《しょうじゅらいごうえ》」（大阪市指定無形民俗文化財）を寺の縁側で見た。楽器を持った菩薩たちが面と衣装をつけ「来迎橋」を渡って行く。極楽往生を見せたいと願って始まった儀式の中に、パンの笛を持つ菩薩もいた。

この寺では、笛は「鳳簫《ほうしょう》」と呼ばれていた。鳳凰が羽根を広げた姿として日本に伝わった笛だから、当然の呼称と思う。「鳳簫」と呼ばれるパンの笛を持つ菩薩が歩いて行く姿を、僕は初めて見た。

拝簫を吹く雲中供養菩薩の一人
（平等院鳳凰堂蔵）

曽根天満宮（兵庫県高砂市）の釣鐘に
鋳造された楽人（拓本）

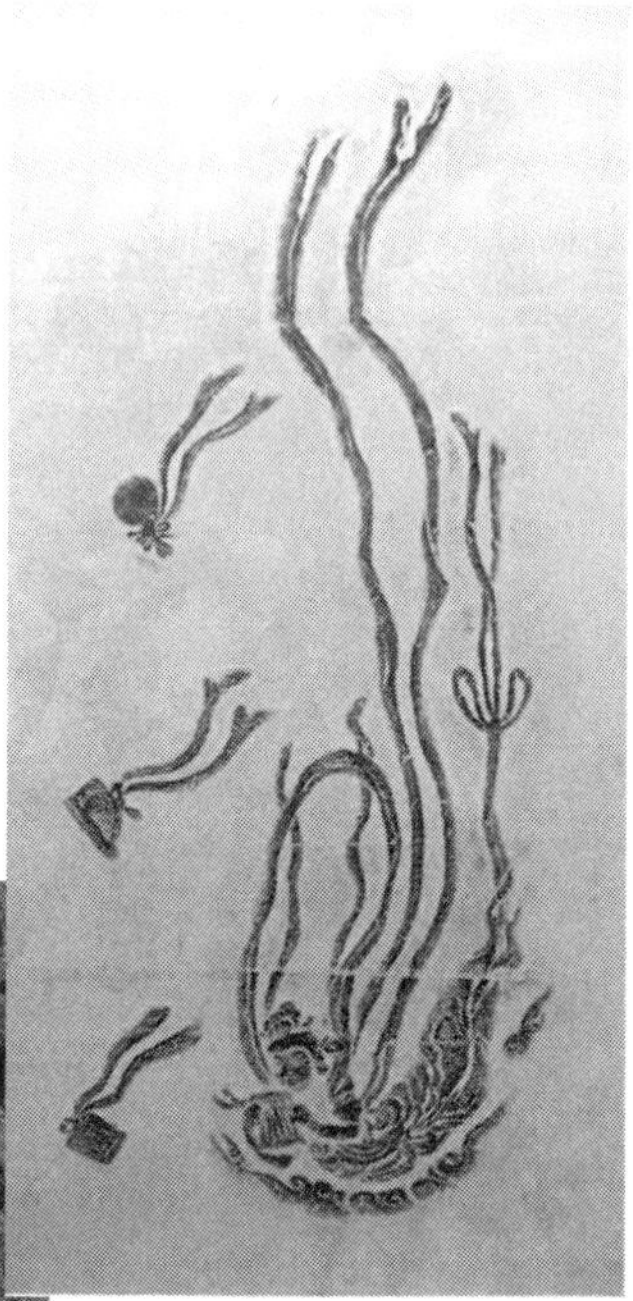

大念佛寺の鳳簫

西村恭子さんが取材中に見つけたのは、戦時中、金属供出のために穴を空けられた釣鐘。兵庫県高砂市の曽根天満宮にあるその釣鐘に鋳造された楽人は、天女のような衣をまとい、パンの笛を吹きながら舞い降りていた。周りには、ハープや銅鑼や琵琶と思われる楽器が散りばめられ、天上の調べを連想させた。

拓本されて届いた額は、パンの笛が並ぶ僕の部屋に置いてある。

僕は、この楽人たちと同じ笛で、天上の音を、風を吹いている。

楽譜に〝息つぎマーク〟を入れる時

自分で言うのもおかしいが、写譜した僕の五線紙は読みやすく、絵のように美しいと思う。

学生の頃から、自分の吹くパートは必ず自分で書いてきた。額に入れて飾っておきたいと思ったときもあったが、楽譜は見て楽しむものではない。演奏者がそれを見て音にした時、初めて役目を果たす。

写譜した楽譜は、練習の中で起きる閃きを、大切なポイントとして書き込んでいく。それも最小限度に。

やがて、楽譜が楽譜として完成する時がやって来る。それはブレス（息つぎ）マークを記入した時。自分の呼吸する場所に大きなマークをつけた時。

息を吸い、息を吹き込む所が決まると、楽譜に生命が生まれ、音符が生き物のように踊ってくる。不思議なことだが、ただの紙切れだった楽譜が生き物になっていく。人間が呼吸によって生かされているように、音符は、その一息、ひと息で生き物となり、空間を飛んで音になって行く。

音の秘密、倍音

美空ひばりさんの歌声には倍音が含まれているとよく聞く。ヴァイオリニスト諏訪内晶子さんは、彼女の持つ名器ストラディバリウスの倍音が素晴らしいと言う。

「倍音とは周波数が何倍かになった音」と、定義には書かれているが、倍音は、音色の中に隠れ、人の心を動かす音だという。僕が考えた倍音は、こんな風になる。

音楽を海に例えてみた。

青い海に風が吹くと、白波が立つ。ここが倍音になる直前。波の中に風が入り、海が青白く色を変える、この瞬間、倍音は混ざっている。

海面をシェイクした風のように、倍音の存在を見つけることはなかなか難しいが、僕たちは、その存在に気付かないまま心を震わせている。そこには、見えない風のような、倍音が混ざっているかもしれない。

パンの笛は、半音の無い単純で原始的な構造の楽器だが、植物と風が出合い溢れ出る音色には、奇数倍音が隠れている。

植物を楽器に

僕は元々フルート吹き。

少しでも響きの良い音を求め、材質にこだわった。最初は洋銀、銀、歌口だけ金、そして金と、美しい音を求め金銭を顧みず、材質のランクを上げていった。フルートはそれが出来た。

パンの笛は違う。

演奏者が半分以上楽器製作を担う。自ら作らなければ演奏どころか練習も出来ない。パンの笛はキーの無い、ただ長さが違う植物の筒を並べているだけ。材質も葦、竹、木などに限られ、材質による音色の変化はあまり無い。費用もフルートとは比較にはならないほど安価。

しかし、パンの笛はフルートとは大きく違う点がある。材質が植物ということ。地中に根を張り、光や水の恩恵を受け、時間をかけて成長してきた素材。それを、製作者が管を接着し楽器にする。

演奏者は、その楽器を自分の息使いに合うように蜜蠟を使い、丹念に調律を繰り返し、完全な楽器に近づけていく。

パンの笛は「生きた自然」と「楽器製作者」と「演奏者」、この三者によって初めて演奏可能な楽器になる。

自然が作り出した素材と相談し合い、日々調律を繰り返し、楽器となったものを吹き続けて来た。これほど手間を要するパンの笛を、それでも僕は掛けがえのない楽器だと思っている。

僕の部屋にあるパンの笛

一点の音を探す

朝起きて最初にやる事は、調律の作業。身体と耳の澄んでいる時に、音を聴き分け、冷静に高さを合わせていく。

並んだ竹の筒を楽器にするには、ピアノを叩きながら、蜜蠟を使って管ごとにピッチを合わせる。植物の筒を自分の言葉のように使える高さを決めていく。この静かな作業を僕は楽しむ。

パンの笛の調律が何故蜜蠟なのかは、よく分からないが、ヴァイオリンの弓の毛が馬の尻尾に至ったように、パンの笛の調律が腐らない自然の蜜蠟に決まるまでには、多くの人の手を経たに違いない。

その上で、目標の高さより音が低ければ、蜜蠟を筒の底に入れてくっつける。高い時は、筒の中の蜜蠟を棒で掻き出す。管の中の容積をこうして調整し、目指す音になるまで、何度も同じことを繰り返す。

前日合わせた音が、翌日には合わなくなっていることもある。音が合っているかどうかの判断は、疲れている時にはよく分からない。大切なのは、自分の身体を整え、音を聴き分けられる正常な耳を持つこと。

そんな中で、音の高さが紛れもなく合ったと気づく瞬間がある。時が一瞬止まり、自然に受け入れられた、右にも左にも、上にも下にも動かない一点の音。心が静かに開放され、解き放たれていく感覚になる。

手元には、どんな曲調にも対応出来るよう、音質に合わせた〝調〟の笛がようやく揃った。

それでも、調律は日々、果てが無いが、この作業はパンの笛に生涯を賭けると決めた僕には、これもまた生涯続く作業になる。

ドナウ・デルタの葦の森

ドナウ川は、ドイツの「黒い森」を源流に、ウィーンを通り、ハンガリーを経てルーマニアから黒海に流れ込む。

その〝美しき青きドナウ〟が黒海に注ぐ辺りに、世界一広い葦の森、ドナウ・デルタがあると聞く。

そこでは様々な鳥たちが鳴き、風に揺れる葦の森が音を生み、大自然がシンフォニーを奏でているという。

ギリシャ神話に出てくる「牧神パン」と「水の妖精シュリンクス」の話に出てくる場所、アルカディアがこの辺りではないかと想像するのは、沿岸にギリシャ語の名前がつく都市が幾つかあるからかもしれない。

僕は、ウィーンでフルートを学び、オーケストラで働き、一九七六年、クリスマスの夜にルーマニアの民族楽器ナイ（パンの笛）に出合った。

牧神パンが葦に変身したシュリンクスを想い、葦を束ねて吹いた笛がパンの笛の原型。

僕の今は、ドナウ川の流れに沿って、ウィーン、ルーマニアを経て黒海に注ぐデルタの、風が吹く葦の森に辿り着いたような気持ちがしている。

〔対談〕いっぽんのケヤキが結び合わせてくれた

岩田英憲
西村恭子

「植物の代弁者」に気づいたコンサート

西村　パンの笛の音色を初めて聞いたのは友人から貰ったカセットテープでした。『霧の協奏曲《コンチェルト》』という児童書を書く時、パンの笛をモチーフに使いたくて、岩田さんに電話で了解を頂きました。それから、スピカホール（兵庫県佐用町）のコンサートで、初めてお会いしました。

岩田　星に一番近いといわれるホールでしたね。

西村　その時、なぜか私は「いつかこの人のコンサートを開きたい」、唐突にそう思ったんです。一九九五年のことです。

四年後の一九九九年、県道の拡幅工事で切られることになった大ケヤキ（推定樹齢二百年）に感謝を伝えるコンサートを開こうと決めた時、ケヤキに聴いてもらう音楽は、岩田さんのパンの笛しかないと。後になって、唐突に思ったことが現実になったのを実感しました。

岩田　コンサートは、ケヤキの生えている兵庫県高砂市の造り酒屋の酒蔵広場で開かれましたが、ただきれいに吹くだけではない、どう吹いたらいいか、五月に依頼をもらってから当日の十月三十日まで、ずっと考えがまとまりませんでした。でも、会場に向かう新幹線のなかで閃いたんです。ケヤキはどう思っているだろうと、ケヤキの側から考えた時、みんなに「ありがとう」と言っている、そしたら自分がケヤキになればいい、ケヤキになって吹けばいいと。そのとき、ああ、パンの笛には「植物の代弁者」という、こういう使命があったと、気づいたのです。

西村　岩田さんの大きな転機になった瞬間ですね。

岩田　そう、普通のコンサートはテーマがあるからその気持ちになればいい。だけど、このコンサートは、ケヤキに対して演奏するのか、観客に対してなのか、そこら辺がわからなかった。

ケヤキを切ってほしくないという気持ちで、みんな来ているわけですよね。その人たちに、自分がケヤキに代わってお礼を言えばいい「これでいい」と分かったんです。

西村　到着されてすぐケヤキのところへ行かれましたね。ケヤキに触って「今日の笛は君の声って言って来た」と、おっしゃいましたよ。

コンサートの後、一転してケヤキが県道の向かい側にある市有地に移植されることになったのは、あのコンサートが感動的であったことが大きく、関係者の想いに持ち主が応えようと、急遽、移植を決められたからでした。

二〇〇〇年一月二十九日、ケヤキはクレーンに吊るされて〝空を飛び〟ました。コンサートから三カ月の間に枝を払い、根巻きをして〝ダイレクト移植〟というのをやりました。

岩田　ケヤキの木が空をとんだということに、僕は感動しました。植物は根があって、

そこから動かないですよね。動かないものが土を離れて空を飛ぶ、すごいドラマチックなことでしょう?

西村　移植準備で払った枝は小学生が学校に持ち帰り、種も育てることに。

岩田　それで僕はそのケヤキの枝で、パンの笛ができると思ったんです。

西村　岩田さんにとっては、竹以外の材料でパンの笛をつくるのは初めてのことだったんですね?

岩田　そうです。それでパンの笛の製作者、香《こう》原《はら》良彦さんにお願いしました。ケヤキで作れば、ケヤキが見たり感じたりした色々なことを音にしてくれるだろうと。

　そうして作って吹いたということが僕にとっても大きなことで、植物は話さないけれども、ケヤキのパンの笛を吹くことは、ケヤキが話しているのと同じことだと思いました。これがきっかけで僕の笛を作ってくれていた香原良彦さんは、パレスチナのオリーブの木や広島の被爆樹木でパンの笛を製作するようになっていきました。

西村　これまで、竹や葦以外のパンの笛は無かったのに、ケヤキで作ったことから、様々な木でパンの笛を作ることが出来るようになったのですね。

岩田　そうです。

ケヤキの声を聴いた「再びのコンサート」

西村　ケヤキのパンの笛は七年かけて完成しました。ケヤキの声を聞くコンサートを、二回目のコンサート「ケヤキ再びのコンサート〜ケヤキの声が聴こえるよ」は、二〇〇七年二月二十五日、高砂市文化会館大ホール（現じょうとんばホール）で開きました。

岩田　このとき、ケヤキのパンの笛を五本ぐらい持っていきました。パンの笛としてはまだ十分では無いけれど、香原さんも精一杯つくったし、僕も精一杯調律した。これで吹くことがすごく大切なことだと思いました。そこが一番大切で、僕としては夢が叶いました。

西村　私たちもそうでした。ケヤキはどんな気持ちでいるだろうと思っていたので、パンの笛になったケヤキの声を聴くことができて、関わった皆も嬉しかったと思います。このコンサートには、旧ユーゴスラビアの国民的歌手で、当時日本で活躍していたヤドランカが来てくれて、作曲家の田中洋太さんが作詞作曲した「大樹の声」という曲を歌ってくれました。

岩田　歌い出しの「あのね」がものすごくよかった。話しかけられているみたいで、心の中に入ってきて、後半は木がしゃべっているんですよね。

西村　♪あのね　どんな時にも　くじけずに　ゆくんだよ

岩田　まさに木が傷つきながら生きて、そしてみんなに話しかけている感じでしたよね。

岩田　最初のコンサートは、ケヤキの代わりになって「ありがとう」と言うコンサート。二回目は、ケヤキの声が聴こえるコンサートになればいいなと思いました。

樹木医が語る「いのちの役目」のコンサート

西村　二回目のコンサートを終えた直後でした。ケヤキの枝が一本枯れていたのを切ろうと、初めて樹木医さんに診てもらいました。移植から七年経ってケヤキは発病、

後遺症が出ていました。県下で多くの大樹を治療してきた松元廣美さんは、ケヤキの足元にかがみ込み「この一ミリほどの〝ヒゲ根〟が、木を大きく育てるのです。根元にいるこの虫やキノコや菌は何も悪いことはしていない。それぞれが、ケヤキを枯らし土に還す自分のいのちの役目を果たしているだけですから」と言い「でも、多くの人の想いを受けて空をとんだこのケヤキには、生きてほしい」と、つぶやかれました。

「再びのコンサート」の翌年、二〇〇八年十一月十五日、「ケヤキコンサート〜見守るために」を同じホールで開催しました。ケヤキの治療費を得るためのコンサートでもありましたが、ケヤキに出合った私たちの「役目」とも思っていました。見守るために写真絵本「空をとんだケヤキの木」も創りました。

樹木医さんたちの治療は、私には人間の治療と同じに見えました。外科的な手術、移植。内科的な点滴、注射など、沢山の樹木医さんが加わって下さることになりました。

岩田　すごくよくやられたと思います。

西村　不思議な偶然がいくつもありましたね。

岩田　さとう宗幸さんの「欅伝説」も偶然でしたね。仙台のケヤキ並木をイメージした曲だけど、僕が「いい曲がある」と見つけたら、西村さんも別のところで見つけていた。歌詞が本当にぴったりですよね。

西村　♪欅よ　ありがとう　もっと大きな樹になって　世代を越えて語りつぐ　欅伝説になれ〜

二回目のコンサートから、コーラスや、会場の皆さんと歌ったりしましたね。

東北へ、一本松へ、エールのファイナルコンサート

西村　治療が完了したと思い、二〇一二年三月十七日、「ケヤキコンサート　ファイ

ナル」を開きました。

この前年の二〇一一年三月十一日、東日本大震災が起きていて、岩手県陸前高田市で助かった「奇跡の一本松」にケヤキからエールを送るコンサートにしようと「高田松原を守る会」から佐々木松男さんに来て頂きました。

六月には、東北で鎮魂のために「風のコンサート」、やりましたね。

八、九日は岩手県陸前高田市の「奇跡の一本松」の側と、海や陸地に消えた「いのち」に向かって。十日には宮城県大崎市鳴子温泉の被災者を招いた所で演奏しました。このとき、岩田さんはもちろんですが、熊本の音楽デュオ「ビエント」や司会者も、往復の飛行機代だけ、出演料無しで快く来てくださった。音響の大下哲夫さんたちは、広島から車に機材を積んで走って来て下さいました。本格的なコンサートでしたね。移動車にしていた山形交通のバスの運転手さんもいつの間にか、仲間になって機材を運んで下さったり、うれしかったです。

岩田 一本松の前で演奏した後、何か話しかけられたような感じがしてパッと振り向いたら、それまで曇っていた空が晴れて、一瞬だけ見事な夕焼け空の中、一本松の真ん中に太陽が輝いていて、僕たちの音が届いたような気がしました。

木も人も同じ「いのち」

岩田 ケヤキコンサートは、コンサートが終わったら終わりではなくて、すごいインパクトがいくつもありましたね。僕には、「植物に語らせる」ということを教えてもらった。これはパンの笛にとって一番大切なことです。香原さんも、ケヤキでパンの笛を製作した後、様々な木で笛を作るようになりましたね。オリーブや被爆樹木などで。

西村　ケヤキには今、何人もの樹木医さんが関わってくれていますが、「このケヤキにいっぱい治療法を教わりました」と、おっしゃって下さっています。

影響といえば岩田さん、ケヤキコンサートから、会場近くで植物を採って、サッシュベルトに挿すようになったっておっしゃっていましたね。一緒に奏でているという感じですか。

岩田　そうです。植物が主役、一緒にしゃべっているという感じです。

西村　岩田さん、コンサートの前に突然いなくなるんですよね、植物を探しに行かれて（笑）。

岩田　地元の草花がいいんです。パンの笛の音とともに風に揺れる花、それをお客さんに見てもらうと、演奏が生きてくるというか。

西村　私はこのケヤキから、どんな生き物も、見えていない世界に生きる物たちも、等しく同じいのちを生きていて、自然のサイクルの中でその役目を生き合っていると思えるようになりました。樹木医さんたちがケヤキのいのちに真剣に向き合い治療している姿を側で見ていて、ケヤキも懸命に応えていると思えたからかもしれません。

自分にある「いのちの役目」も、考え始めました。

ケヤキは長く生きる樹だそうです。私が関わったのはそのうちの僅か二十年ほどですが、大切なことを教わった気がします。「種を超えた呼応」なんて思っていますが。

岩田　僕も思っていたんです。普通なら仕事が終わり、使いきったら離れていく人が多い中で、西村さんは、変わらずケヤキや僕の側にずっといて下さったなぁって。今回、本を創ろうと思った時、まず決めたのは、この人と一緒にやる、でした。

西村　何故CDではなく本ですかって、お尋ねしましたね。

岩田　今は何もかも溢れるほど揃っている便利な時代になって、ユーチューブでパンの笛の演奏は聴ける。教えてくれる人もいる。ネットでパンの笛も買えるようになった。でも、僕は楽器を探すところから、日本に何も無かったところからやってきた。誰もやってこなかった世界を、砕氷船が氷を砕いて道をつけるような暗中模索をしてきたからこそ、こんな素晴らしい世界を知ることが出来た。まだ途中なんだけど。でも、こんな僕を支えてくれる多くの人にも出会った。だから、一音に、演奏に気持ちが入ると思う。そんな事を少し書いて、このパンの笛の世界を知ってもらえたらと思ったんです。

西村　今日、この対談の前にケヤキに会いに行きましたね。ケヤキが明るい日差しに輝き、風に揺れて、まるで手を振っているように見えませんでしたか。

岩田　見えましたよ。そうやってケヤキの声を聴くというのが素晴らしいなと思うんです。

西村　うれしかったんだと思いますよ。ケヤキも岩田さんに会えて。

（二〇一七年四月十九日）

III　音楽を見つけた瞬間

一九四五年八月六日　午前八時十五分

五日市の僕の家には、庭の松の木と縁側の間に、防空壕が掘ってあった。雪国のカマクラのように、狭い入口から中に入っていくのが面白く、その中で水飴を食べるのが楽しみだった。怖がらせないための母の心使いだったかもしれない。

夏の朝、松の木の見える家の中で遊んでいた。四歳になったばかりの暑い一日の始まり。

一瞬、外が「ピカッ」と光った。顔を上げて見たのは金色。松の葉は黄緑色に変わり、縁側の向こうの全てが金色になっていた。

何が起こったのか、子供の僕には理解出来なかったが、どこから飛んで来たのか、母の両手で部屋の隅に突き飛ばされ、気づくと二歳の妹が側にいて、突き飛ばしたその両腕を広げた母が、僕らの上に覆いかぶさった。

直後に、母の懐の中で「ドーン」という物凄い音を聞いた。

僕が見た光景が原爆のせいだったと、徐々に分かったのか、親から聞いて思うようになったのか、それでも、あの瞬間の色は、今も忘れていない。

原爆投下の三日前、僕らは爆心地に近い広島市榎町から、三十キロほど離れた五日市町吉見園に引っ越した。

結核で療養していた母の姉が「早く行きんさい」と、引っ越しを勧めてくれたからだと、後々、母から何度も聞いた。

音楽が大好きだったというその伯母は、井戸の中で亡くなっていたと聞く。今、僕が音楽をやっているのは、その人に代わってなのかと、思うことがある。

あの日、僕は母と伯母に、二重に助けられたことになる。

みんな美しい！

小学校低学年のころだと思う。

母から貰う十円で、僕は毎日グリコキャラメルを買っていた。ついている〝おまけ〟も楽しみだったが、点数を百点集めると模型の顕微鏡がもらえた。

セリやナズナが好きだった母が素朴な花を持って来た。だから、僕が顕微鏡で最初に見たのは花の花粉。花粉は、様々な色や形をしていた。

吉見園の浅い海の小さな貝殻や「砂漠」と呼んだ砂地の石英《せきえい》の煌めき、コオロギの足も観た。

初めてレンズを通して見た世界は、何もかもが驚きだった。目に見えていないこんな世界があり、そのどれもが美しい。幼い時のこの体験は、僕の中に大切な出来事として永く眠っていた気がする。

ウィーンで人の手を加え精緻を極めたフルートを吹いていた僕が、人の手の加わらない、自然のままのパンの笛に一瞬で魅かれたのは、顕微鏡の中の世界を初めて知った瞬間に似ている。

植物が自然の中で語っている微かな音を、声を、代わってこのパンの笛で奏でられたら。人の言葉のように、音楽にして語ることが出来たら。

僕は、そう思ってパンの笛を吹いている。

「好きにしんさい」

広島市立基町高校二年の時、苦手な数学で広島大学の受験を諦めた。入試に数学の無い所を選んでいくと、音楽大学しか行けるところが無かった。

それまで楽器に触れたこともなかった僕が、高校二年の一月からピアノとフルートを習い始める。ホルンの音色が好きだったが、楽器の値段で安価なフルートを選び、進路を簡単に変更した。

「好きなようにしんさい」と、母が言ってくれたのを幸いに、国立《くにたち》音楽大学を選んだ。

一年目は当然不合格。東京に下宿し伝手《つて》を頼ってレッスンを受けた。その方はＮＨＫ交響楽団の高橋安治先生だったが、翌年入学が決まっても、先生は僕を受け持つとは言われなかった。入学するためだけのレッスン生だったのだ。

そのお陰か、師になったのは日本フルート界の重鎮、吉田雅夫先生だった。後々、パンの笛を吹くようになってからも、先生はずっと応援して下さった。

とにかく僕は音大生にはなった。しかし、正科三人、別科二人の学生の中で、自分でも分かるほど一番下手で、自信がなく、上がり症。何より楽譜が読めない音大生だった。

フルートで一番大切なロングトーンは、真っ直ぐ、長く音を伸ばして吹く基礎練習。学内の池の側でよく練習をした。

学生の中には、すでに東京フィルハーモニー交響楽団にエキストラとして出演する先輩もいた。その人が、ジュール・マスネ作曲「タイスの瞑想曲」を吹いてくれたことがあった。ピッチ（調律）も音楽性も素晴しく、何より音が美しかった。こういう演奏がしたいと、その時は思った。

今なら、もう少し分かることがある。

心がふるえる音楽は、ピッチやビブラートなどのテクニックを超え、楽器を持つ者の人間性、人格が聴く人の心に響いていくのではないかと思う。楽譜が読めるようになったのは一年生の終わりごろ。追い詰められた恐怖と屈辱の中で、だった。

母の「好きにしんさい」の中で、僕は毎日あがいていた。

キャバレー「ハレム」の屈辱

実家からの仕送りはいつもギリギリだった。だから池袋の音楽喫茶「山小屋」で僕はアルバイトをしていた。

ある時、友人からキャバレー「ハレム」のタンゴバンドで、フルートのエキストラを頼まれた。新橋にある「ハレム」の大きな舞台で三十分、五ステージを、バンドマスターに依頼された。

ファーストステージ、僕は音を出すことが出来なかった。ソロ演奏の場面もあったのに、初めての場所、初めての体験は、恐ろしさで身体がすくみ三十分のステージはそのまま終わった。

この日、全てのステージで、僕は一音も出すことが出来なかった。それでもバンマスは黙ってお金を払ってくれ、僕はそれを貰って帰った。

恥ずかしさと屈辱で、次からは怖がらず絶対に音を出そう、これは友人から頼まれた仕事なんだと、自分に何度も言い聞かせ、次の日「ハレム」に出掛けた。

やがて、僕は「ハレム」のエキストラとして雇って貰えたし、何より楽譜が読めるようになっていた。

大学で楽譜が読めるようになったのではない。「ハレム」での吹けない恐怖と屈辱と、それでもお金を払ってくれたバンマスの人間の大きさに応えたかったからだと思う。

以後、ウィーンの森バーデン市立劇場オーケストラでも、穴を空ける休暇は取らなかったし、父が亡くなった翌日も仕事をした。

高熱で朦朧としたコンサートをやってしまった兵庫県宍粟市には、二十年ほど経って、償いのコンサートをさせてもらった。

その根底にあるのは、キャバレー「ハレム」のあの日々にある。

落ちっぱなし、滑りっぱなし

広島に原爆が落ちた時期だったから、僕は幼稚園に行っていない。だから、最初に試験に落ちたのは、広島大学付属小学校の入学試験。続いて私立修道中学校の試験にも敗れた。

基町高校へは何とか入れたが、校内マラソンで、足を踏み外し〝肥え壺〟に落ちた。目指した国立《くにたち》音楽大学に落ち、一年間東京で浪人生活を送って受けた東京藝術大学もダメだった。

ウィーン時代、仕事を探してあちこちのオーケストラを受けた。ウィーン交響楽団、ウィーン国立オペラハウスのビューネン（舞台上の）オーケストラ、ニュルンベルクオペラハウスのオーケストラ、ドイツにあるバーデンバーデンのクアオーケストラなど、すべて、見事に滑った。

思うように合格出来ない、うまくいかない〝落ちっぱなし、滑りっぱなし〟のこの体験は、今の僕に、自信のなさ、上がり症、口下手、こんな残骸で残る。

しかし、振り返ってみると、良くこれだけ落ちたものだと、懐かしくも感じる。

音楽を見つけた瞬間

僕には不意に浮かぶ風景がある。

その風景を思い出す時は、大概、僕は落ち込んでいる。


誰もいない山の小道を登っていた。

誰かに話しかけられた気がして振り返ると、声を上げそうなほど一面のコスモスが、激しく揺れていた。

これほどのコスモスがここにあることも、それを伝える風が吹いていたことさえ知らず、僕は歩いていた。

また激しい風が吹いた。コスモスが大きく揺れる。右に、左に、素直に揺れている。コスモスがこっちを見ていた。見られていた。全身を風に委ね語りかけてくる。コスモスの揺れが旋律に変わった。僕の中がほどけていく。
自然の中で、音楽を見つけた瞬間だった。
想い惑う日々、あの風景が、山の小道へ僕を誘う。

内モンゴルの〝シ〟の音

僕は内モンゴルにいた。

一九九九年八月、国際交流基金の企画「風と大地のコンサート」で中国各地を回った。内モンゴル・シリンホトの草原で、一人離れて舞台の設営を待っている間、僕は地球の丸さを実感していた。広がる草原の果てが微かにカーブを描いて見えた。

その草原の風にバッタが乗っている。辺りが見えないほど無数のバッタが〝ホバリング〟するように空中に静止していた。

その羽音が〝シ〟の音だと気づいて見渡すと、辺りは〝シ〟の音で溢れていた。

草原にしつらえられたにわか仕立てのステージに、草原の人々は、裸馬でどこからか土煙をたてて走って来て、コンサートが終わると、またどこかへ馬で帰って行った。

僕は、あの草原で、バッタが奏でる〝シ〟の音を、もう一度聴いてみたいと思う。

僕が描いたスケッチ。内モンゴルの空も草原も広かった

何もない草原ににわか仕立ての舞台を作る

戸田さんからの贈り物

同志社大学神学部の招きでコンサートを開いたことがある。そこに戸田露子さんがパンの笛を聴きに来られていた。やがて宇治市に住むその人から、和紙のハガキや封筒、便箋、カレンダーなどが届くようになった。

戸田さんの手紙には「草木の色、花の色、鳥を描き終えて、最後にパンの笛を仕上げる時が大変好きです。パンの笛の色が仕上った時は、絵がピリッと引き締り、音も聴えてきます」と、書かれてあった。

僕もそう思って使っている。

倉橋島の循環

フェイスブックに素晴らしい海の写真を載せている人がいた。会いたくて連絡を取り、二〇一七年一月三日、音響担当の友人、大下哲夫さんと倉橋島に出掛けた。呉市の沖にある倉橋島は、僕の舟で一時間ほどの所にある。

訪ねた石崎幹男さんとは初対面だったが、自分の住む島を、郷土を大切にしようとしている人だと、話していてよく伝わってきた。

島から夕日を眺める絶景のポイントだという大向《おおこう》に案内してもらった。海面からは四百メートルほどの高さがある。次第に海が色を変え、辺りが暗くなってくると、海面に光の帯が見え始めた。

五時を過ぎたころ、ぽっかりと大きな太陽が海に降りてきた。天気の良さだけではない。海に沈む前の太陽は、こちらに問いかけ、迫ってくるように見えた。一瞬大きく見

えた太陽から目を反らせた僕は、航跡を曳いて瀬戸内を行く船を追った。

激しかった太陽は次第に弱くなり、穏やかな光で辺りを包むと、山口県柳井市の方向に沈んでいった。

新年の静寂が訪れた。


石崎さんが友人の家を一軒借りてくれていた。その夜、僕らは炬燵に潜って眠った。

翌朝、真っ暗な中、朝日が昇るポイントだという四国方向に向いて座り、時を待った。周りが次第に明るくなり、雲が染まって来ると、その光に感応したのか、静かだった島の雑木の中で、姿を見せないまま小鳥が鳴き始めた。それから風が起きた。海面にさざ波をたてて風が渡っていく。

朝日は石鎚山（愛媛県）から昇ってきた。海面に黄金色をした太陽の光が帯になって揺れる。清しい一日は、こうして始まった。

この島では、一番先に光を感じたのは鳥だった。その後、風が生まれた。

これまで僕は、まず風が起こり、風に反応した鳥が鳴き始めると思ってきた。しかし、倉橋島では違っていた。光が鳥の声を産み、鳥の声が風を呼んだ。

パンの笛は三オクターブの音域を持つ楽器。その内の二オクターブを使い、風を奏でメロディーを作る。高音域の一オクターブは鳥の声に使うが、鳥の声が入った曲は少なく、この音域は付け足しだと、僕はずっと思ってきた。

しかし、倉橋島の夕日と朝日の巡り、循環の中で、一オクターブの高音域が、決して付け足しではなかったことを、僕は知った。

Ⅳ　出合いの奇跡

生意気ルディのくれた絵

一九七一年十一月から「ウィーンの森バーデン市立劇場」で働いていた僕に、十七、八歳だったフルーティストのルディが、オケボックスの中でホイッと手渡してくれた絵がある。

生意気で、喧嘩になりそうなことも何度かあったが、才能のある若者は、すぐにウィーン・フォルクスオーパー（ウィーン国立歌劇場に次いで二番目に大きな歌劇場）に移って行った。その絵は今も僕の手元にある。彼が目指そうとした音楽の世界は、僕の目指す世界になっている。

来日公演の度に招待券を送ってくれていた彼から、今年は年賀メールと添付写真が送られてきた。

写真には、昨年の一二月一日、フォルクスオーパーでオペレッタの演奏を終えたルディ

来日したルディと

が映っていた。オーケストラボックスの中でフルートを持ったルディがこっちを見ていた。メールには、これが最後の演奏、仕事だったと書いてあった。これから年金生活に入るという。

ホイッと手渡してくれた絵のままに、彼は彼らしく階段を上がり、一筋に働いたのだろう。

あれから四八年。貰った絵から続く長い時間を僕も重ねて来た。

彼に感謝と拍手を送りたい。

ルディの絵は、僕の人生を支えた

グルダンさんの手紙

長く大切にしてきた写真がある。

写っているのは、ザンフィルに「いい笛を作る人はいないか」と尋ね、紹介してもらったフランス人のグルダンさん。

その仕事場の写真なのだが、写真の裏にフランス語でメッセージが書いてあった。通訳してもらうと、こんな言葉になった。

「喜び、幸福、恐れ、愛、死。パンフルートは、これらすべてです。この大いなるパンフルートの世界で、あなたのお役に立てることを、喜んでいます。

一九八四年四月九日」

パンの笛の製作者であるグルダンさんが、このように思って笛を作っていることに応えたいと、この手紙を大切にしている。

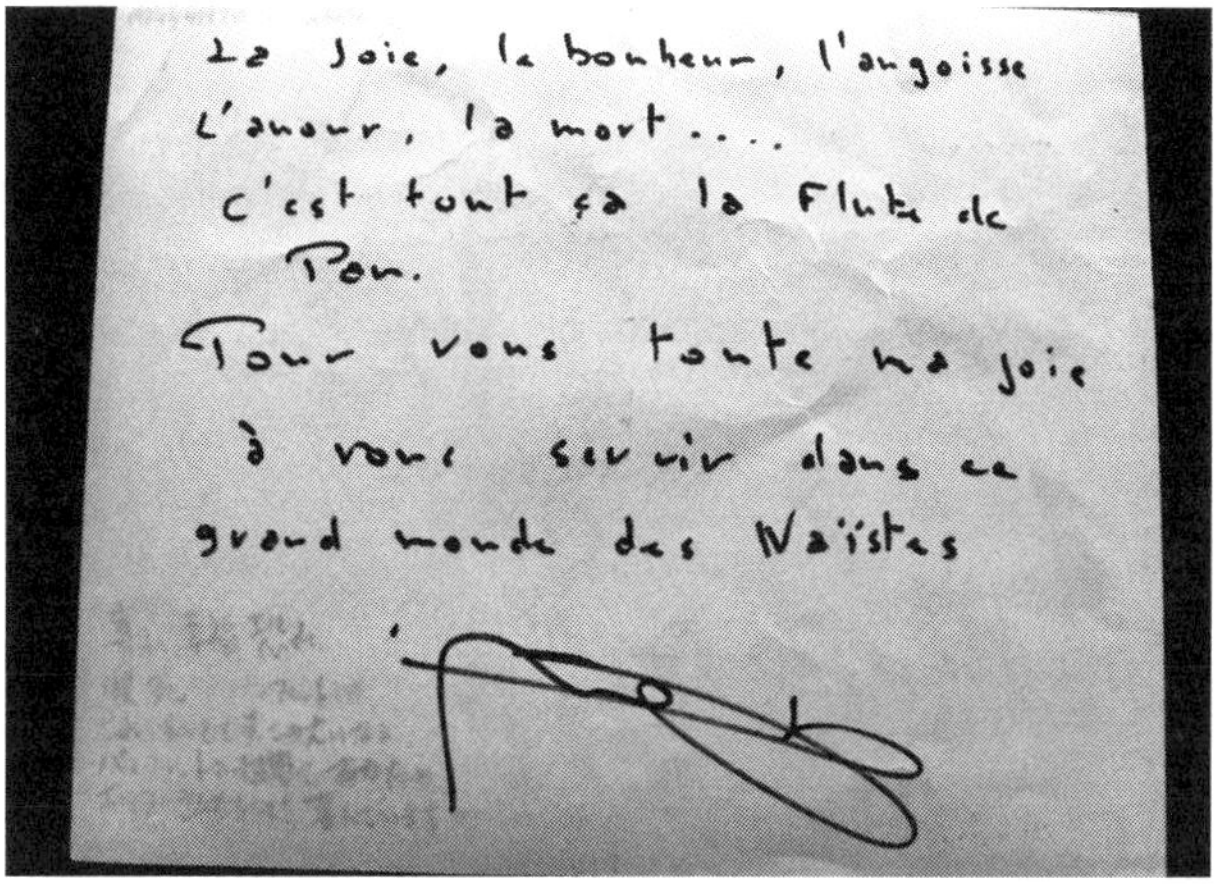
La joie, le bonheur, l'angoisse
L'amour, la mort....
C'est tout ça la Flute de
Pan.
Pour vous toute ma joie
à vous servir dans ce
grand monde des Naïstes

写真の裏にあったメッセージ

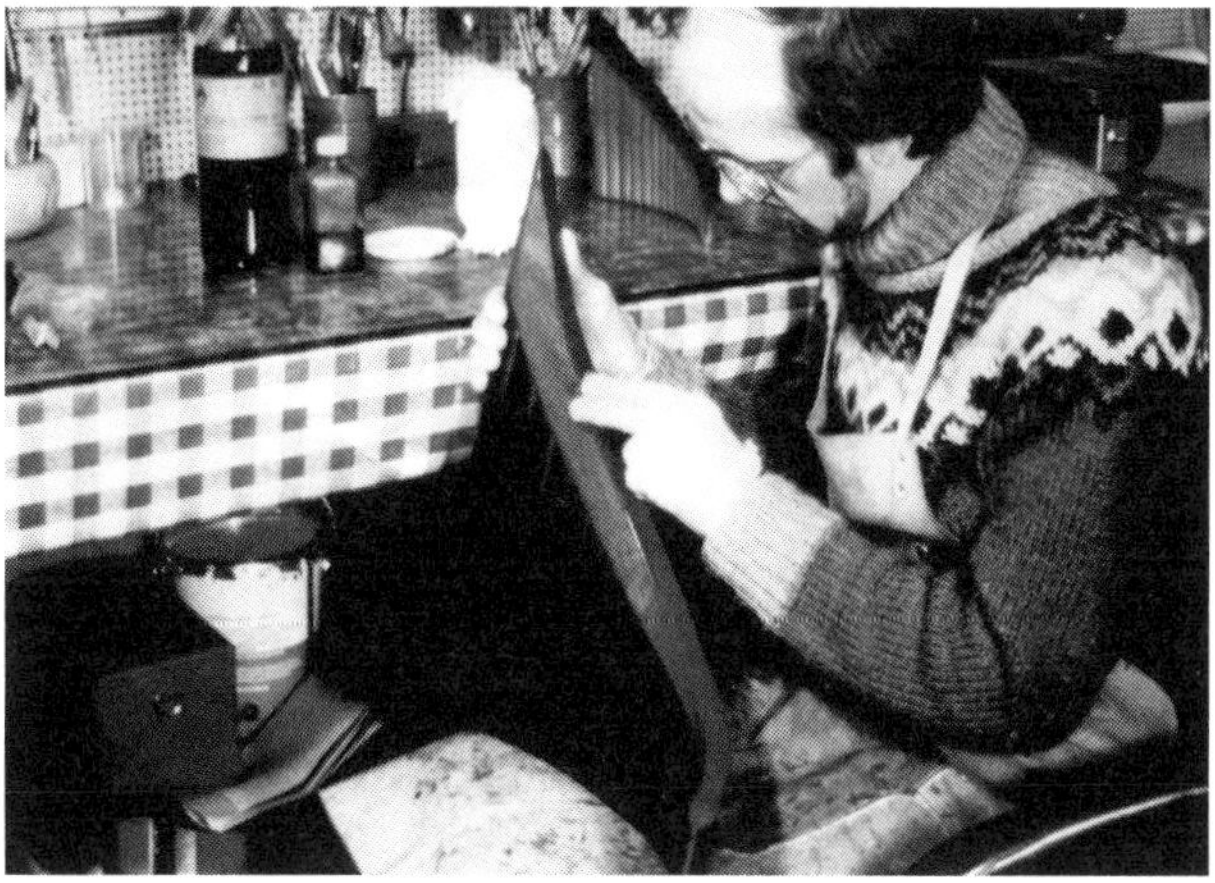

パンの笛製作者グルダンさん（フランス）の仕事風景

ザンフィルを追って——日本編

一九七六年十二月、ウィーンでナイ（パンの笛）の奏者、ザンフィルのレコードを聴いて以来、僕はその魅力に取り憑かれてきた。ルーマニア留学中は、ブカレストにある彼の家を探したりもした。

パンの笛の演奏者は世界に何人かいるが、僕はザンフィルの世界が好き。奏法だけではない何かがあるように感じていた。

彼が初来日した一九八〇年十月、僕はルーマニア大使館やレコード会社の配慮でホテルオークラに彼を迎え、食事も行動も共にした。

日本青年館で開かれた演奏会も、フルートの一員として特別にオーケストラに参加した。

十月にルーマニア訪問を終えられたばかりの当時の皇太子ご夫妻（現天皇陛下ご夫妻）

ザンフィルと、ホテルオークラで初対面。1980年

が聴きに見えられ、ザンフィルは、ご夫妻に一本のナイをプレゼントした。

翌年、再来日した時、ザンフィルは東宮御所に招待された。関係者五十人と共に、僕も日本でただ一人のナイ（パンの笛）の奏者として招待を受けた。

御所内でザンフィルとルーマニア民族音楽団の演奏を楽しみ、その後、別室でご夫妻が参加者一人ひとりに声を掛けて回られていた。

僕にもお声が掛かり、美智子妃からは「一本のナイが私のところに

眠っています。いつかそれを吹きにいらして下さい」と言われた。

三度目の来日時、ザンフィルは地方の六、七カ所を演奏して回っていた。島根県の公演を終え、広島に移動する事を知っていたから、少しでも早くザンフィルに会いたくて、岡山駅で素知らぬ顔で新幹線に乗り込み、偶然出会った振りをしてザンフィルを驚かせた。

翌日の広島公演の前、ザンフィルは市内の有名店のイベントに出演。僕も参加した。

その後、演奏会場の郵便貯金ホール

まで、ザンフィルと二人、タクシーで向かうことになった。

市内の中心、紙屋町の交差点を走っている時、僕は不思議な感覚にとらわれた。ずっと追い求めて来たザンフィルと一緒に故郷の町をタクシーで走っている。ザンフィルが隣にいる。この幸運は何だろう。心の中にこみあげてくるものがあった。タクシーの外は小雨になっていた。

会場には双眼鏡を持ち込み、奏法を間近に見ようと思っていたが、休憩時間に強引に楽屋に行き、「ビブラートを教えて欲しい」と頼んだ。何度も出会っていたからか、ザンフィルは少しだけ教えてくれた。

その夜だった。広島ルーマニア友好協会主催でパーティーが開かれ、東京から大使も来られていたが、ザンフィルは現れなかった。フランスに亡命したという噂を聞いた。

その後、ザンフィルは何年間か行方が分からなかったが、今はルーマニアに戻っている。

ザンフィルを追って――スイス・アローザ編

二〇一一年七月十四日、関西空港からドバイ経由で、スイスのチューリッヒ空港に着いた。

第二十回パンフルート・フェスティバルが開催されるアローザに向かっていた。このフェスティバルは、何年もザンフィルの弟子が指導に来ていたが、今年は特別にザンフィルが来ると友人から教えられて飛んで来た。

現地、アローザの「森のホテル」には二日前に入り、スイスアルプスに登って大自然の中を歩いた。木も生えない頂上の岩肌の隙間に黄色い野草が顔を出し、風に吹かれていた。

フェスティバルは一週間開かれる。その前夜、ホテルのフロント辺りを歩いていると、主催者のムルクさんに出会った。一九九六年、スペインからの帰路、スイスのチューリッヒに住むムルクさんを訪ねて以来の再会だった。抱き合って喜んでいたら、傍らにザンフィルが来ていた。ムルクさんが紹介してくれたが、ザンフィルは、日本で何度も出会った僕をすぐに思い出してくれ、再会の抱擁をした。

三人で写真を撮っていた時だった。ある事に気付いて僕は部屋に走り、一枚の写真を持って二人の所へ戻った。

それはザンフィルが初来日した日（一九八〇年十月）、ホテルで彼を迎え、一緒に食事をした時、ザンフィルと撮った写真。「僕も持っているよ」と、彼は言った。

講座は朝から晩まで、びっしり詰まっていたが、これまで独学同然だった僕には、何もかもが新鮮で、分かっていた事、分かっていなかった事も含め、学ぶ事は沢山あり、楽しくて仕方がなかった。

パンの笛を吹くために最も大切な、一息で長いフレーズを吹く四つのコントロールも教わり、音楽の捉え方、フレーズの作り方、奏法からアンサンブル、曲の分解など、指導者は変わっても、濃密な時間が続いた。

昼休み、食事をしていると、ムルクさんから教会でやるザンフィルのコンサートの指定席券をもらった。ルーマニアのアンサンブルを中心とした感動的な演奏だった。

右から ムルクさん、ザンフィル、岩田。スイスのアローザの森のホテルにて

そのムルクさんの計らいで、僕は特別にザンフィルのマスタークラスに参加出来ることになった。

彼は言う。

「他の楽器は指で演奏するが、パンの笛は違う。キーが無く、歌口だけの楽器だから、心で演奏するんだ」と。

「奏法は、下顎を突き出すように、息を上向きに、天に向かって吹く。溢れる想いを心に込め、ビブラートは、天国に届けるように」と語った。

このクラスに来て、何故こんなに自分がザンフィルに惹かれ続けて来たか分かった気がした。彼は演奏が上手なだけでは無かった。スポーツマンの彼の奏法はエネルギッシュだったが、何より、言葉に哲学が、音に彼の魂が感じられて深かった。

ザンフィルの声を聴きながら、何度涙が溢れそうになったかしれない。

アローザから帰国して間もなく、ムルクさんからザンフィルの住む国で「第一回パンフルート国際コンクール」を開催すると連絡が入った。その審査員七人の中に僕が選ばれていた。日本人は一人だけだった。

コンクールは、資金面など様々な事情で開かれなかったが、これまでやってきたことは、間違ってはいなかった、これで良かったのだと、初めて僕は思うことが出来た。

小泉文夫という人

ルーマニア留学から帰国し、初来日したザンフィルと出会い、僕は日本初、パンの笛の演奏者として注目されかけていた。それでも奏法や楽器作りは、まだ手探りしていた。そんなころ、一通の手紙が届いた。

「大量生産の食品、教育、そして音楽が氾濫する中で、一本の管が一音ずつ受け持つ笛の素朴で真実な響きは、必ず聴く人の心をとらえる。その笛を日本人で初めて手がけ、吹いていこうとしている人がいるとは……。顔もみたい……。音も聴きたい……」

励ましの言葉が書かれてあった。

手紙を下さったのは、民族音楽の研究家、東京藝術大学教授の小泉文夫先生。数日後、僕は東京・練馬区のご自宅を訪ねた。パンの笛の調律に蜜蠟を使うことは、そこで教わった。先生は日本にパンの笛の音楽を最初に紹介した人だった。

1979年
11月5日 小泉文夫先生宅
AM.10:00〜12:00 訪問.

パンの笛の調律のために使う道具を説明するために書いた、小泉さん直筆のイラスト学会発表に出て欲しいと言われ、パンの笛を吹きに行ったこともあった。パンの笛を、そして僕を、世に出そうと陰で動いて下さっていた。

一九八三年八月二十日、先生の死を、僕は新聞で知った。若すぎる死（五十六歳）が悔しく、傍にあったパンの笛を思い切り吹いた。それから、東京・青山で行われた葬儀の長い列に並び、一人の参列者になった。

ご自宅の部屋の戸棚に大切に保管されていた多くの民族楽器の中にパンの笛もあった。

「（前略）この笛は、一度、生演奏を聞けば、その人は、生涯その魅力を忘れないだろう。岩田英憲さんは、そのナイ（パンの笛）を、日本人で初めて、いや、厳密に言えば奈良時代以降、初めて演奏する貴重な音楽家なのである」

小泉文夫という人がパンの笛に寄せてくれた様々に、励まされ続けてきた。

いつか、必ず先生の播かれた種を育て、花を咲かせます。そう誓って、僕は歩いている。

童話「とうすけさん　笛をふいて！」

一九八〇年五月、ルーマニア大使館主催で開いた石橋メモリアルホールの「第一回パンの笛コンサート」を終え、楽屋に戻った時だった。

母と同じ年齢くらいの女性が「感激しました。出来たばかりの本ですが」と、一冊の本を下さった。作者の香山彬子さんだった。

その夜、ホテルのベッドでこの本を読み、僕は号泣した。

物語はナイ（パンの笛）を吹く少年東助とトンビの仲間チョウゲンボウの心の交流を描いた物語だった。しかも本の書き出しは「岩田の里に春がやってきた」で始まっている。

翌朝すぐ、香山さんに電話をかけた。

後に、香山さんはエッセイにも書かれているが、ルーマニア大使館から教えられ、ザンフィルのレコードを買った日、ナイ（パンの笛）で吹く「友を偲ぶ哀歌《ドイナ》」を聴き、激しい感動に揺さぶられたという。宇宙を吹き流れていく風のようだったと。激しい哀しみ、限りない歓喜、異質ながら同化し、笛が美しい詩《うた》を唄っていたと。この笛との巡り会いがなかったら、童話の完成はなかったろうとも。

「友を偲ぶ哀歌」は、ルーマニアに行くきっかけとして開いたコンサートの中でも、僕が特に気持ちを込めて吹いた曲だった。本の冒頭部分「岩田の里に春が……」も、偶然とは思えなかった。香山さんの本は半年も前に出版されていたから。

「チョウゲンボウが降りて来て、ナイの歌を聞いていました。あなたが童話の中の東助になっていましたよ」と電話の向こうで香山さんは泣いておられた。僕も涙を堪えることが出来なかった。

この童話はその後、多くの人の協力を得て音楽物語となり、俳優・久米明さんの語りで舞台になった。

「とうすけさん、笛をふいて！」

僕には、チョウゲンボウの声が、今も聞こえる。

翼の一部を切られ、動物公園の鳥箱に入れられたチョウゲンボウは東助のナイを聴くのが好きだった。東助はいつも傍らでナイを吹いてやる。

だが、冬の寒い日、チョウゲンボウは箱の中で死んでいた。東助は悲しみ、ナイを吹き続ける。

数日たったある日、チョウゲンボウは子供の姿になって東助に会いにやって来る。

「東助さん、ありがとう」、一言だけ言葉にして、子供は雪の中に出て行った。東助はその子供がチョウゲンボウだと気づくと「友を偲ぶ哀歌」を、姿が見えなくなるまで吹き続けた。

（1980年、日本児童文芸家協会賞受賞）

影の主役

音響は料理の味つけに似ている。

自前の調味料を使い、音楽に匂いや香り、リバーブ（残響）をつけ、深い味にする。

パンの笛に生涯を賭けると決めて以来、僕はパンの笛に繋がる多くの人と出会って来た。

守下邦昭さんもその一人。彼は音響さん。

「この人を探していた」と思えるほどの音を出す人。最高の人だと思った。

音響さんには二種類のタイプがあると僕は思っている。客席に向かってミキシングでいい音を作り観客を楽しませるタイプと、ステージ上の演奏者を乗せ、アンサンブルを大切に、心が入った舞台を作るタイプ。守下さんは後者。「影の主役」と言われるそのポジションを理解し、舞台上の僕に「岩田さん、気持ちいい？」と尋ね、それを観客に伝わる音にして届ける人だと思った。

その彼が交通事故に遭った。

意識の無い彼の耳元で、僕のＣＤを掛けた人がいたと聞く。彼は命を取りとめ、助ける人もいて、別の仕事を続けているが、彼の仕事振りが忘れられない僕は、我が家に来てもらい、音作りを手伝って貰っている。

コンサートの前、悩んだりしていると、「岩田さん、何かありますか」と、必ずメールが入る。

守下さんは、今も僕の「影の主役」をやってくれている。

「野の花は風と歌う」

こんな言葉がある。

……栄華を極めた時のソロモンでさえ、この花の一つほどにも着飾ってはいなかった。

（新約「聖書マタイによる福音書」より）

パンの笛の最初のＣＤを作ろうとしていた。

それぞれ、参加した作曲家が曲を作ることになった。その中に榊原栄さんがいた。アレンジがとても上手な人だと聞いていた。

僕は榊原さんに電話をかけ、自分の想いを伝えた。

故郷を出て、何年振りかで帰った吉見園のこと。子供のころ咲いていた花や鳥や、風の匂いは変わっていなかったこと。パンの笛は鳥の声が吹けること。風と野の花が出合うとき、パンの笛の声は風となって生まれること。

榊原さんが書いてこられた曲には「風Ⅰ」のタイトルがついていた。初見で吹いた時、心に風が届いたと感じた。鳥の声が入ったことで、曲は一層生き生きと自然に仕上がっていると思えた。榊原さんのアレンジは、やはり素晴らしく効いていた。

「風Ⅰ」は「野の花は風と歌う」とタイトルを変え、僕の初めてのＣＤ「風・祈り・生命」の冒頭に入った。

そして、パンの笛をイメージする曲になった。

「風・祈り・生命」のCD

「新日本探訪」のテーマは今も

ＮＨＫでは、戦争終結の玉音放送など、貴重な音源は永久保存してあるという。その音源の中に僕が演奏した「新日本探訪」のテーマも収められているらしい。番組を通して、パンの笛の音が永久に保存されたことになる。

この曲は、作曲家・渡辺俊幸さんのマネージャーから「ちょっとしたものだけど」と、声を掛けられて始まった。それまで渡辺さんとは面識が無かったから、何故だろうと思ったが、伏線は身近なところにあった。

一九九〇年、僕はＡＶＡＣＯ（キリスト教視聴覚センター）のスタジオで最初のＣＤ、パンの笛幻想Ｉ「風・祈り・生命《いのち》」を制作していた。そこに加わったヴァイオリンの名手、篠崎正嗣さんが橋渡しをしてくれていた。

曲の録音が行われたのは、ＮＨＫ第一スタジオ。そこに、僕はＡＶＡＣＯの関係者を

NHKでの「新日本探訪」収録。
橋わたしをしてくれた篠崎正嗣さんと

呼んだ。「パンの笛幻想」を共に創った仲間に聴いてもらう形で演奏したかった。

渡辺さんの曲は、メロディーがシンプルで、だからこそ技術の必要な曲だった。

制作された番組は、日本の風土の中で、ひたむきに生きる当時の人々の暮らしを映し、その情景の中に見える哀切や喜び、その先に願う希みや光を、日本各地の風景と重ねながらドキュメンタリーで伝えていた。

僕は、その映像と共に、見えないが確かにそこにある風を吹かせてもらった。作曲家、渡辺俊幸さんの想いを音に込めた。

九年ほど続いた番組は、二〇〇〇年に終了したが、曲は今もよく演奏する。すると一瞬、客席がざわめき、ため息のような声が漏れる。このメロディーには、聴く人それぞれの中に想い浮かぶ何かがあるのだと思う。

「ちょっとしたものだけど」と、言われて吹いた曲は、こうして多くの人の心と繋がっているると、演奏のたびに僕は感じる。

時代劇「風の峠」を吹く

深い夜空に煌めく銀河。天の川を見上げる三人の少年。これから互いが絡み合う過酷な運命が有るとも知らず、共に星空を眺めている。

二〇一五年一月から六回に渡り放映されたＮＨＫ木曜時代劇「風の峠・銀漢の賦」の一回目のこの場面は、ドラマの全編を貫く大切なシーン。流れた曲のタイトルは「満天の星」。僅か五十秒ほどの曲を、パンの笛で吹いた。

ストーリーは、青年になった三人の一人が友の一人を切り、残った一人は亡き友への義を貫こうとする。やがて老境に差し掛かった二人は、互いの義を持って対峙。人生の峠を越えていく。

葉室麟さん原作のドラマ化は、作曲家の小六禮次郎さんが音楽を担当していた。他に

僕が吹いたのは、タイトルと同じ「風の峠」、「若き日の天の川」、「愛する人を喪う」。どの場面も忘れられない。

小六さんとのきっかけになったのは、服部克久さんの曲を吹くために呼ばれて参加したコンサートだった。日本の作曲家七人の曲を地元のオーケストラで演奏する企画が、広島交響楽団を中心に「シンフォニア岩国」のある岩国市で開催された。

東京からオーケストラには入っていないドラムやベース、ギターなどのミュージシャンも特別に参加しており、そこにヴァイオリンの篠崎正嗣さんもいた。こんな中で小六さんと出会うことに繋がった。

パンの笛は、いつもこうして誰かの手を経て広がっていく。それがたまらなく僕には嬉しい。

被災の街へ「光あれ」

「パンの笛幻想」、三作目のＣＤ制作に入っていた。

このシリーズは当初から榊原栄さん、丸山和範さん、三枝成彰さんを始め多くの作曲家と、篠崎正嗣さんたち演奏家が参加して制作してきた。

「風・祈り・生命《いのち》」、「母と子へ『いのちの風』」に続く制作だった。

その最中の一九九五年一月十七日、あの阪神・淡路大震災が起きた。未曽有の状況が全国に流れる中、渡辺俊幸さんが創ってこられた曲には「光あれ」というタイトルがついていた。

惨状の中、亡くなられた多くの方々へ、被災を受けた街々へ、苦しんでいる人たちの元へ、どうか光が届きますように、再生がありますように、深い祈りが込められた曲だった。

新たなＣＤのタイトルは、「光・希望・再生」に決まった。

それから二十年、途方もなく大きな地震や災害が世界を襲う。国内では、東北、熊本を含め各地で起きる災害。その復興、復旧の道は、今も険しく遠い。

こんな日常をせめて忘れまいと思う時、僕は「光あれ」を収録した日のことを想う。

パンの笛のために書かれた曲は、譜割りの難しい曲ではあったが、スタジオの中央にオーケストラが座り、僕は小さなブースの中で、懸命にパンの笛を吹いた。

演奏を終えると、収録はテイクワン、一度だけでＯＫになった。こんな事は滅多に無い。オーケストラの誰一人、演奏を間違えた者はいなかったということ。「光あれ」というこの曲に、全員の想いが、祈りが入ったということ。

曲のラスト、僕はロングトーンでパンの声を彼方に向かって吹き放つ。
遥かな誰かの元へ、今も懸命に生きる全て人の元へ「光よ、届け」。
僕はパンの笛に息を込める。

渡辺俊幸さんと、1992年8月
AVACOスタジオで

被爆樹木の笛を

ＮＨＫで「新日本探訪」のテーマを吹いていた一九九四年、広島放送局の取材を受けた。

その時、局のドライバーだった香原良彦さんから「パンの笛を作りたい」と、声をかけられた。

材料を求め、探し、僕も何とか日本の竹で笛を作ろうとしていたが、演奏家が笛を作るには限界があると感じていた。

だから、香原さんに何もかも、作り方の全て見せた。スイス製の名器を貸し、口径を測り、吹き方も丁寧に伝えた。二人で懸命にパンの笛を作った。

十年ほどすると、香原さんはコンサートに耐えられる笛を作れるようになった。その香原さんに、兵庫県高砂市で移植のために切られたケヤキの枝でパンの笛は作れないかと相談した。竹以外の材料で初めて作る笛を、香原さんは手間と時間をかけ、根気よく完成させてくれた。

その後、香原さんはパレスチナのオリーブの枝でも笛を作り、昨年三月には、爆心地から一・七キロしか離れていない広島市立千田小学校の校庭で衰弱していた被爆樹木、カイヅカイブキを使ってパンの笛九十台を制作、同校に寄贈している。

香原さんは、今、彼らしくパンの笛を作り、パンの笛を吹く人になった。まっすぐな音を出して吹いている。

広島に生まれ、原爆の光を見、音を聞いた者として、いつか、僕も被爆樹木の笛を持ち、生き残ったその木の音を、声を奏でたいと願っている。

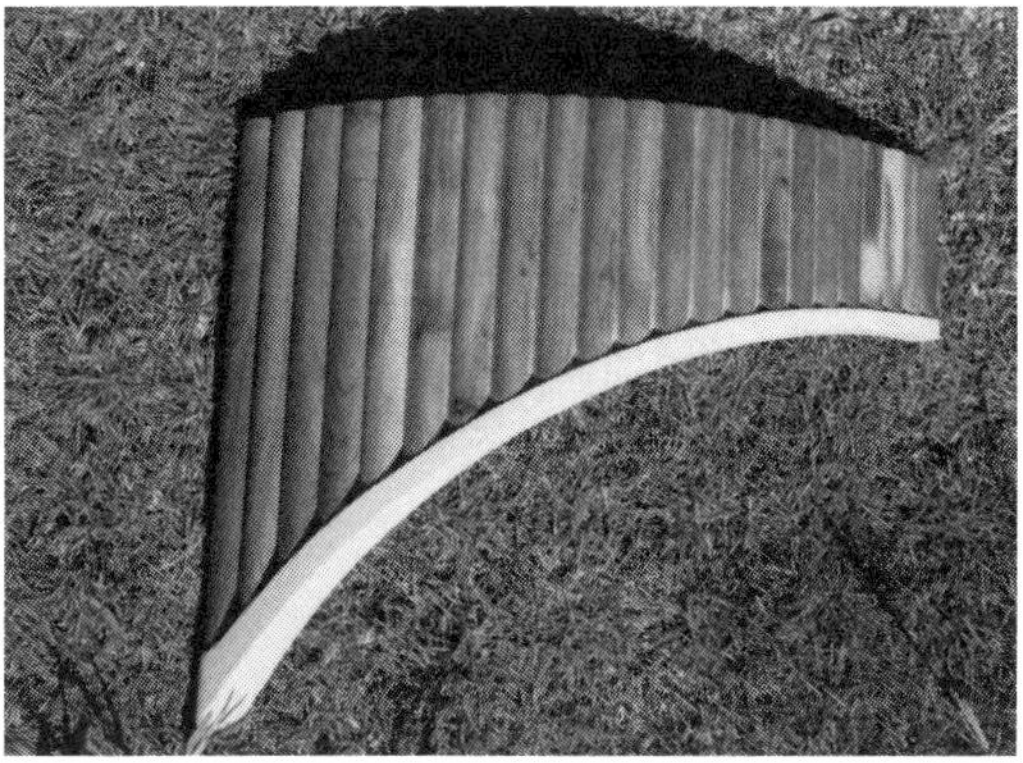
香原さんの作った原爆樹木のパンの笛

ヤドランカと「幻の歌」

「ヤドランカ*は、鳥のように花のように、謙虚に歌う」という人がいた。

ヤドランカと初めて会ったのは、ケヤキで制作していたパンの笛が完成した二〇〇七年二月「ケヤキ再びのコンサート～ケヤキの声が聴こえるよ～」が兵庫県高砂市で開催された時。ゲストとして招かれていた。

後から思えば、作曲家渡辺俊幸さんから、ヤドランカのことは聞いていた。

「ヤドランカという人がいる。パンの笛に合う素晴らしい人。風がしゃべっているような声質を持ち、歌い方が深いよ」と。

「再びのコンサート」で、ヤドランカと舞台に立った時、渡辺さんの言った意味を実感した。

〝サズ〟という中東、バルカン半島諸国の伝統的な弦楽器を弾き、独特の声で語るように歌う。これまで聴いたことの無いその歌声は、気高かった。

二度目に会ったのも「ケヤキを見守るコンサート」だった。どちらのコンサートでも、後半二人で何曲かセッションをした。移植されたケヤキのために創られた曲「大樹の声」（田中洋太作詞・作曲）を歌ったヤドランカの声は忘れられない。

「大樹の声」楽譜

あのね～　くるしい時も～
とまらずに　ゆくんだよ～

歌い出したその声は、まるでケヤキが語るように会場に流れた。ヤドランカはケヤキになって歌っていた。添うように、僕はケヤキの枝で作ったパンの笛で、ケヤキの心を思って吹いた。長い年月を生き、移植によって

「ケヤキ再びのコンサート～ケヤキの声が聴こえるよ～」
兵庫県高砂市、2007年2月（神戸新聞社提供）

再び違う場所で生きることになったケヤキの〝いのち〟を二人で伝えた。

この日、ロビーでＣＤを求める多くの人が「大樹の声」の入ったＣＤを欲しがったというが、その歌声はヤドランカのどのＣＤにも収録されていない。

ヤドランカは、二〇一一年、ボスニアに帰国し、二〇一六年に亡くなった。

だから、あの時の曲は、ヤドランカがケヤキになって歌った一度きりの曲。

ケヤキの声を聴きに来た人たちだけが聴くことが出来た「幻の歌」になった。

ヤドランカ・ストヤコヴィッチ
一九五〇年、サラエヴォ（現ボスニア・ヘルツェゴヴィナ首都）出身のシンガーソングライター、画家。一九八四年サラエヴォ冬季オリンピックのテーマ曲の制作と歌唱により国民的シンガーとなり、旧ユーゴスラヴィア芸術大賞受賞。一九八八年、ＣＤ制作のため来日中、内戦により祖国を失い、以後日本に拠点を移す。二〇〇七年、英国の音楽雑誌『ＳＯＮＧＬｉＮＥＳ』でトップ・オブ・ザ・ワールド。二〇〇九年、ボスニア・ヘルツェゴヴィナ音楽賞受賞。国内では、多くの映画やドキュメンタリー番組のテーマ曲等を歌い「日本の心を持った」と語っていた。二〇一六年五月死去。

ラブソング「この地球《ほし》に生まれて」

僕は服部克久さんのオーケストラスタイルが好き。あのような構成でパンの笛が吹けたらと思っていた。

しかし、個人でピアノやパーカッション、弦楽器などを入れたオーケストラを組むのは難しく、最小限の形で同じように演奏が出来るのはシンセサイザーしかないと思っていた。

二〇〇九年、山口県の「遠石八幡宮」で開催した「鎮守の森コンサート」は、国立音大の後輩作曲家、田中洋太さんのピアノ、洋太さんが伴ってきた松本真昭さんのシンセサイザーで開催することになった。

コンサートを終えた後、洋太さんは勿論、松本さんの音の豊かさ、膨らみ、表現力、曲間の語りに、僕は魅かれた。この三人でなら念願のオーケストラバージョンが可能だと思った。「エイケントリオ」はこうして結成された。「エイケン」は、僕の名前に由来するが、彼らが決めてくれた。

「音楽を言葉に」をモットーに、一年に一、二回、それぞれの活動の他に、サントリーホールなど、各地でコンサートを開いてきた。三人で演奏を重ね十年が経った。

二〇一七年、メンバーの一人、田中洋太さんが体調で抜けた。

彼の曲「この地球《ほし》に生まれて」を初めて聴いた時、僕は泣けた。彼はラブソングだというが、僕はまだ十分に捉えられていない宇宙を、広大な中に存在する星々の、この地球という星で出合った出来事を奇跡だと、貰いとさえ思ってきた。

その奇跡の出会いの中に、田中洋太という作曲家もいる。

「この地球《ほし》に生まれて」。

彼が書いたこの曲は、もしや、これら全て含んだ愛しいものへの「ラブソング」だったのではないか。

エイケントリオを彼が抜けた後、僕は考えている。

舞台に出て行く前に

本番を前に、心を切り替える。

関わってくれた全てのスタッフに感謝し、祈る。いつからか、こうなった。

演奏は真剣勝負、失敗もまた自分自身。

昔は美しい演奏をしたいと思ったが、今は失敗してもいいから、音楽で語り、伝えたいと思う。だから、姿勢を素直に正す。

演奏会場の周りにある野草を摘み、サッシュベルトに挟む。植物のいのちと共に奏でる気持ちでいたいと思う。

かつて、僕は演奏会場にポツンと空いた席を見つけると、よくそこに向かって演奏をした。その空席は、この場に来られなかった人の席。今は居ない人か、まだ生まれていない人の席かもしれない。そこに無心に風の歌を届けた。

パンの笛を胸に抱いて吹き始めると、笛から風が生まれ、心臓と共鳴して音が伝わってくる。共鳴したその音は不思議に聴いている人にも伝播した。

素朴過ぎるほど素朴なパンの笛は、吹く者の心が、息がそのまま音になり、誤魔化せない。だから無心に吹くことを心掛けてきた。その僕が、今、欲を持った。

誰もまだ登ったことのない世界に、登って行きたい。

誰もまだ気づかない、心を震わせる音楽を見つけたい。

吹き続けてきて分かったことを携え、そんなパンの笛の音を探す。

日本で途絶えていたパンの笛を作り、試行錯誤して吹いてきた。漸くどんな曲にも対応出来る笛も揃った。原初の音だが、オーケストラの中にあっても確かな音を響かせたい。

パンの笛でしか表現出来ない世界、そんな高みを見つめ、僕は舞台に出て行く。

エピローグ　今も、風はふいている

風の記憶を重ねてきた。
パンの笛のほんとうの奏者は風。
風が植物を揺らすとき、風は見える。
自然が囁き、語り始める。

パンの笛は一管で一音。原初のままの楽器。
その笛を抱き、もっと素直に、もっと大胆に、
古《いにしえ》から未来へ、吹き流れる風を、風の魂を吹きたいと願う。

旅はさなか。
今も、風はふいている。

足腰を支え　ひと息できる椅子が　一つあればいい。
演奏のとき　応援してくれる　一人の拍手があればいい。
あと　それに
風に揺れている　小さな野の花が　近くにあれば　もっといい！

パンの笛を吹いてみたい方へ

1　パンの笛の音は自然の風に、吹かれて、鳴っている音

風が吹くと、草がゆれる。そこでは草の葉っぱに風が当たり、音が生まれている。竹垣や葦原に風がふくと、パンの笛の音は鳴っている。

2　ビンの飲み口に下唇を当てて、鳴らしてみよう

息を風にして、ビンの先に下唇を当てて、吹いてみる。簡単に音が出る。それで大丈夫。

3　音域表

〈パンの笛の音階表〉一部です
B
A
G
F#
E
D
C
B

4　かまえ方

〈パンの笛の持ち方〉
トオ〜

5　腹式呼吸

深呼吸をするように、鼻から深く息を吸い、口をHoの形にして「ホッホッホッホッ」と何度もくりかえす。その時にお腹で息を押し出すようにする。

6　ロングトーン

鼻から息をしっかり吸い、口から長く「ホ（Ho）――――――」と出す。息をゆらさず、まっすぐ長い息を出してみる。

7　タンギング（舌をつかって）

長いダイコンを包丁で切るように、Ho の形を口の中で To の発音で「To―To―To―To――――」と長い音を切って行く。

8　吹いてみよう

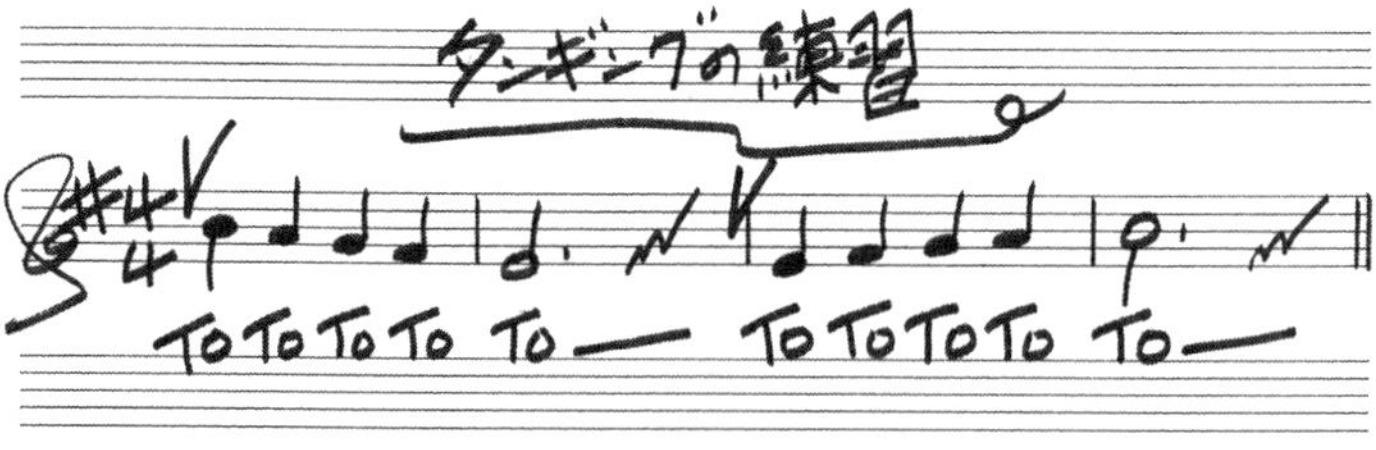

9　一番大切なことは調律

一管一管の容積を蜜蠟で調節して、ト長調の音階にすること。吹きながら正しいピッチに調律をすること。

道具＝蜜蠟を入れたり、かき出したりする棒。

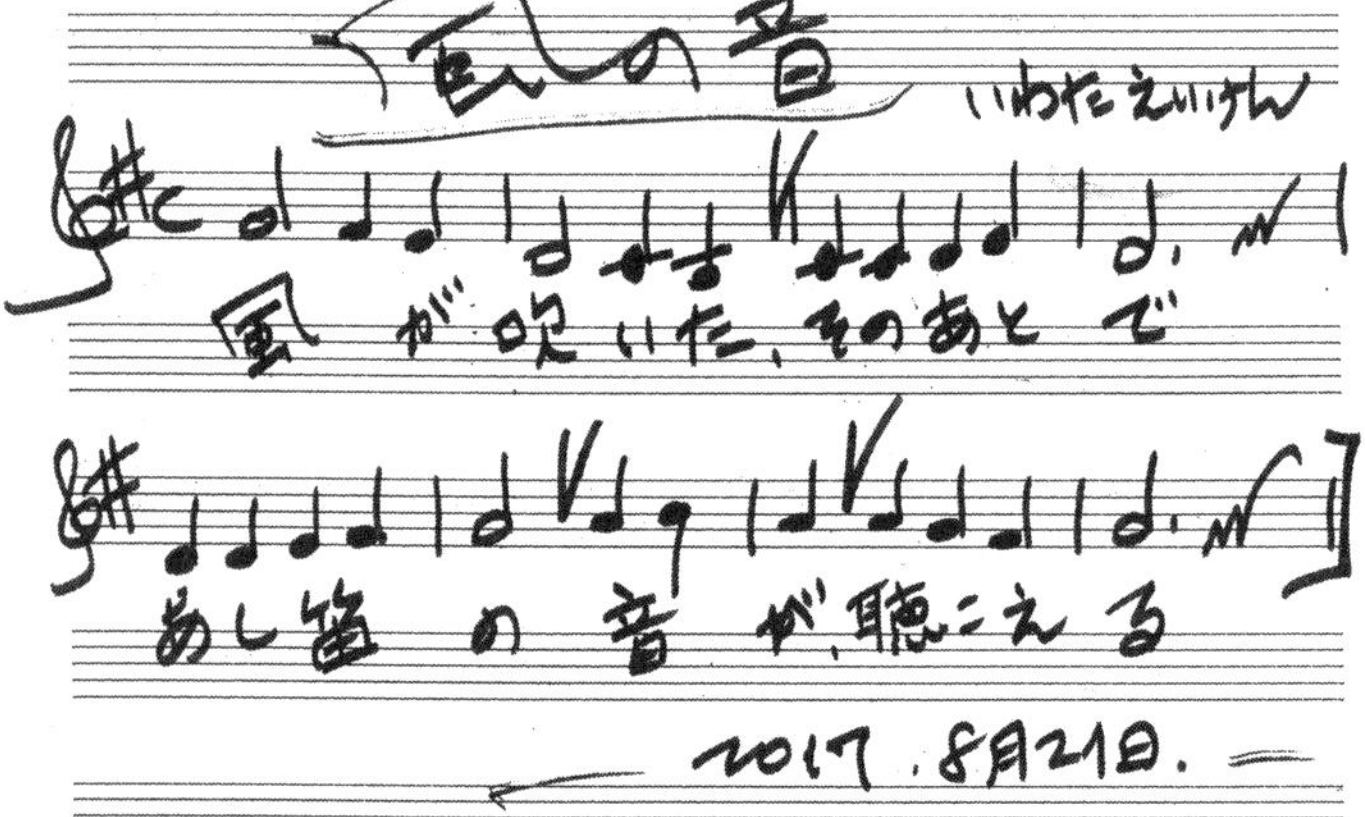
風の音
いわたえいけん
風が吹いた、そのあとで
あし笛の音が聴こえる
2017.8月21日.

あとがき

このエッセイは、作家西村恭子さんと巡り会っていなければ出来ていません。西村さんとは、長い長い間、親しく理解し合いながら、友情を温めてきました。そのおかげで、このエッセイを書こうと思い立ったとき、最初に西村さんに相談し、お願いをしました。一年以上前のことです。

僕が書き、話したことを、西村さんは僕の想いに添って表現し、形にしてくれました。彼女が置いた細部の言葉に、心打たれています。

パンの笛を吹いていると、不思議な発見、色々な人との出会いもあって、それがとても幸せであり、興味深いことでした。

パンの笛は、他の楽器とは全く違って、人の手によって進化していない、自然のままの楽器。筒状の植物で、キーや弦が張られていない、歌口だけの楽器。

成長や進化が進んでいない化石のような楽器。もうこの世に必要のない、廃れかけていた楽器でした。

でも、そんな飾り気のない、取るに足らない楽器が、僕にはとても大切でした。

どうして、こんなにパンの笛に、音色に惹かれるのか、自分でもよく分かりません。

今まで聴いたことのない音色だったからかと、その意味を考えるようになりました。

子供の時、自然の中の葉っぱ、まめ茶、麦笛などを吹いて音を出し、遊んでいた風景を想い出します。

音の出る原理は、筒状の植物（葦、竹、木）に当たる風の仕業。

唐突に、僕は喋らない植物に喋らせたい、自然の中で、風と共に誰にも気づかれないまま鳴っている音を、僕に出来るなら、自分の息をその風にして、植物に喋らせたい、植物の代弁者になりたい、届けたい、そう想うようになりました。

そうして、僕なりにパンの笛を吹いてきました。これからも吹いていたいと願っています。

この本を創ることに最初から関わってくださった西村恭子さん、山本桂さん、藤原書店の藤原良雄社長、編集者の山﨑優子さん、そして、全ての関係者の皆さま、有難うございました。

そして、何より、もったいないほどの「序文」を、パンの笛と僕に寄せて下さった作曲家渡辺俊幸さんに、心から感謝申し上げます。有難うございました。

僕のこの拙いエッセイを手に取り、読んで下さる皆さま、この本の中に吹く風を感じて頂けたら嬉しいです。原初からの風、パンの笛の風が届きますよう願っております。

最後になりましたが、僕を長年支え、励まし続けてくれた妻玲子と、娘真央に、僕のパンの笛の音を捧げ、有難うと伝えたく思います。

二〇一八年三月九日

岩田英憲

著者紹介

岩田英憲（いわた・えいけん）

日本の“パンの笛”（パンフルート）の第一人者。国立音楽大学、ウィーン市立音楽院、ウィーン国立音楽大学のフルート科を卒業。「ウィーンの森・バーデン市立劇場オーケストラ」の第一フルート奏者として6年間在籍（1971～77）。その間、ウィーン交響楽団・オーストリア放送管弦楽団のフルートのエキストラとして働いた。1976年のクリスマスイブに、ルーマニアの民族楽器「ナイ」のレコード（奏者はザンフィル）を聴き、その魅力ある神秘的な音色と音楽に強い衝撃を受け、パンの笛の演奏家になることを決意。1980年ルーマニアに渡り、ナイの奏法を学び、帰国後、日本で初めてのパンフルート奏者となる。

NHK「音楽の広場」「人間マップ」、テレビ東京「タモリの音楽は世界だ」等に出演。TBS「小さな旅と美術館」、NHKテレビ「新日本探訪」、映画「魚影の群」のテーマ曲演奏。NHK木曜時代劇「風の峠」の音楽に採用。CDは「光・希望・再生」など10数枚をリリース。服部克久「音楽畑9・10・11」、小椋佳、佐藤しのぶ、松山千春、五木ひろしなどのCDに参加。2011年7月、スイスのアローザで「第20回パンフルート・フェスティバル」に参加。現在は、広島文化短期大学名誉教授、日本野鳥の会会員、世界遺産・宮島観光大使。

著者紹介

西村恭子（にしむら・きょうこ）

作家。日本ペンクラブ会員。放送局、編集記者を経てフリーに。神戸新聞社読者文芸欄児童文学選者（14年間）を経て児童文学講座講師。

兵庫県高砂市の巨樹ケヤキの保存活動で、岩田英憲氏と「パンの笛コンサート」を四回開催。

2016年6月、震災、災害を受けた岩手県陸前高田市の「高田松原を守る会」と連携し、「鎮魂・風のコンサート」を企画、開催。

2015年、ラジオ関西「青い目の人形メリー、再会の旅」の制作、放送により「井植文化賞」（報道出版）を受賞。

児童文学作品に『しあわせ畑のクローバー』『霧の協奏曲』『ブルータートル』（PHP研究所）『しあわせのブレスレット』（偕成社）、写真絵本『空をとんだケヤキの木』などがある。戯曲に『フレンドシップ・パスポート～友情は時代と海を越えて』、一般書に『水のことのは』（幻冬舎）などがある。

風《かざ》魂《たま》――パンの笛《ふえ》に魅《み》せられて

2018年4月10日　初版第1刷発行©

著　者　岩田英憲
　　　　西村恭子

発行者　藤原良雄

発行所　株式会社 藤原書店

〒162-0041　東京都新宿区早稲田鶴巻町523
電　話　03（5272）0301
FAX　03（5272）0450
振　替　00160-4-17013
info@fujiwara-shoten.co.jp

印刷・製本　中央精版印刷

落丁本・乱丁本はお取替えいたします
定価はカバーに表示してあります

Printed in Japan
ISBN978-4-86578-169-4

初の本格的研究

ガブリエル・フォーレと詩人たち

金原礼子

フランス歌曲の代表的作曲家・フォーレの歌曲と詩人たちをめぐる初の本格的研究。声楽と文学双方の専門家である著者にして初めて成った、類い稀な手法によるフォーレ・ファン座右の書。

〔附〕略年譜、作品年代表ほか。

A5上製貼函入　四四八頁　**八五四四円**
（一九九三年二月刊）◇978-4-938661-66-3

音楽と文学を架橋する

フォーレの歌曲とフランス近代の詩人たち

金原礼子

歌曲・ピアノ曲・室内楽に優れ、抒情的な作風で人気の高いフランスの作曲家ガブリエル・フォーレ。演奏と文学研究を長く行なってきた、フォーレ研究の第一人者である著者が、積年の研鑽を総合。世界に類を見ない学際的手法、歌曲と詩の領域横断的考察で文学と音楽研究を架橋する労作。

A5上製　六二四頁　**八八〇〇円**
（二〇〇二年二月刊）◇978-4-89434-270-5

マーラー研究の記念碑的成果

マーラー交響曲のすべて

C・フローロス
前島良雄・前島真理訳

マーラーを包括的に捉えた初の成果！　全交響曲を形式・自伝の両面から詳述、マーラーの交響曲が「絶対音楽」にとどまらず存在に対する根本的な問いかけを含み、個人的・伝記的・文学的・哲学的意味をもつことを明らかにする。

A5上製　四八八頁　**八八〇〇円**
（二〇〇五年六月刊）◇978-4-89434-455-6

GUSTAV MAHLER VOL. III–DIE SINFONIEN
Constantin FLOROS

初の自伝、独自のショパン論

音《おと》霊《だま》の詩人
〈わたしの心のショパン〉

遠藤郁子

音楽CD&BOOK

「ピアノの詩人」ショパンの音霊を現代に伝える日本人唯一のピアニスト遠藤郁子の初の自伝であり、独自のショパン論。自宅愛用のピアノで録音した本書関連全十四曲＋ナレーションのCD付。**〈収録曲〉エチュード「革命」、プレリュード「雨だれ」、ポロネーズ「英雄」他**

CD14曲60分

四六変並製特製ケース入
三〇四頁（カラー一六頁）**五五〇〇円**
（二〇〇四年一一月刊）◇978-4-89434-413-6